Mario Caligiuri

L'intelligence nell'anno del Covid

Uno sguardo sulle ombre della disinformazione

Prefazione di Paolo Messa

SANTELLI
EDITORE

L'intelligence nell'anno del Covid
Uno sguardo sulle ombre della disinformazione
di Mario Caligiuri
prima edizione: Marzo 2021

Gruppo Editoriale Santelli

Santelli editore
Viale G. Mancini 236,
Cosenza 87100
0984.406939
info@santellieditore.it
www.santellieditore.it

Impaginazione a cura di *Francesco Grano*

Prefazione

E se la diffusione del virus che comunemente chiamiamo Covid-19 fosse considerata come un colossale fallimento dell'intelligence globale?

Non ci sarebbe da sorprendersi troppo.

Con la sola eccezione delle "antenne" delle donne e degli uomini di Taiwan, ben radicati in Cina, le numerose decine di 007 presenti nelle province del Dragone non hanno saputo cogliere per tempo la dimensione di una pandemia che certamente lascerà una traccia nella storia di questo XXI secolo.

Sebbene i virus da tempo in alcuni Paesi abbiano conquistato una posizione di riguardo nelle analisi di rischio della sicurezza nazionale, la comunità di intelligence internazionale non è stata pronta a registrare correttamente quello che stava accadendo a Wuhan ben prima degli allarmi tardivi dell'Organizzazione Mondiale della Sanità.

Si potrebbe ricordare, insieme ad altre analisi di intelligence, il caso del National Intelligence Council statunitense che aveva previsto uno scenario potenziale di pandemia entro il 2025. Il Presidente George Bush jr. non sottovalutò l'allarme e per prevenirlo, già nel 2006, aveva chiesto al Congresso un finanziamento di 7.5 miliardi di dollari.

Le scelte della politica finirono per non raccogliere le indicazioni che provenivano dagli apparati di sicurezza.

Allo stesso modo, possiamo constatare che non sia stata troppo lungimirante la tendenza a ridurre il peso della cosiddetta HumInt (cioè la raccolta informativa svolta attraverso gli agenti sul terreno).

La pandemia offre quindi l'opportunità di cogliere più di una lezione in materia di sicurezza e in particolare circa la capacità di cogliere i cambiamenti e declinarli nel senso dell'interesse nazionale e della sua protezione.

È qui che viene in prezioso soccorso Mario Caligiuri. Da acuto uomo di cultura ed esperto di intelligence, il suo sforzo nel corso dell'anno segnato dal Coronavirus è stato quello di delineare scenari credibili per i policy makers, evidenziando ripetutamente i rischi di un indebolimento irreversibile della stabilità delle istituzioni democratiche.

Il valore aggiunto degli studi di Caligiuri consiste nel fornire ai suoi qualificati lettori non semplici considerazioni di giornata bensì analisi predittive.

Fedele alle lezioni di un grandissimo maestro di intelligence quale Francesco Cossiga e di un acuto interprete della società italiana come Giorgio Galli, l'autore di questo pamphlet ci guida in un percorso - molto più di un diario - nel quale è possibile riconoscere il filo di un ragionamento che ha come riferimento costante la tutela dell'interesse nazionale, a partire dalla intangibile unitarietà della Repubblica.

La prevenzione del disagio sociale e la sfida educativa sono due paradigmi chiarissimi circa le priorità che devono muovere non solo le istituzioni più direttamente coinvolte ma anche, e prima di tutto, le donne e gli uomini impegnati nel comparto della sicurezza nazionale.

È necessaria, spiega l'autore, una vasta consapevolezza della pubblica opinione, soprattutto meridionale.

D'altronde, Mario Caligiuri ha sempre perseguito la diffusione della cultura dell'intelligence come una necessità sociale per cittadini, imprese e istituzioni pubbliche. Un punto di vista originale e creativo che lo ha imposto come uno dei più innovativi e prolifici studiosi e scrittori di sicurezza nazionale del nostro continente, avendo sempre come orizzonte quello di una intelligence "democratica", la cui centralità è e resta la persona, il cittadino.

Non si tratta, a ben vedere, di principi astratti ma di un vero e proprio metodo di lavoro per preservare e coltivare l'idea stessa di democrazia nel nostro Paese.

La sua è infatti una ricerca ed un'analisi mai banali in cui si stagliano con nettezza i colori verdi, bianchi e rossi della patria che non è un valore proclamato ma quotidianamente costruito attraverso il riconoscimento del merito, la passione civile, l'impegno culturale.

La lettrice ed il lettore troveranno nelle pagine che seguono il senso profondo delle istituzioni. Non un gossip solo sulle vicende, pur non trascurabili, della governance degli apparati di sicurezza. Chi cerca dettagli pruriginosi su Servizi deviati 2.0 può riporre il libro nello scaffale.

Qui troverà, invece, la visione dei cosiddetti Servizi segreti intesi come massimo Servizio Pubblico.

Nelle pagine che seguono, sarà possibile leggere le ricostruzioni di eventi come i quarant'anni dalla strage di Bologna, profili dei suoi maestri Francesco Cossiga e Giorgio Galli, e ricordi di chi, come Sean Connery e John Le Carré, hanno diffuso nel mondo il genere dello spionaggio.

Un viaggio, quello che ci propone Caligiuri, che è finalizzato ad aiutarci a prevedere e a comprendere le sfide del mondo post-Covid, che sarà sempre complesso e difficile da decifrare e che quindi necessita di intelligence per poter interpretare e capire il presente e gli scenari del futuro.

Non mancheranno nuovi eventi che definiremo "imprevedibili" ma la differenza starà nella capacità di non essere "impreparati". Qui è la chiave di volta. Lo è per chi studia intelligence, lo è per chi ha la responsabilità del governo della nostra polis.

Alle lettrici e ai lettori quindi l'augurio di una interessata lettura ed all'autore il ringraziamento non formale per la sua infaticabile opera di studio e divulgazione.

Paolo Messa

Introduzione

Il libro contiene alcuni miei articoli pubblicati nel 2020, quasi tutti, dove non diversamente indicato, su "Formiche.net".

Sono inserite anche 4 interviste rilasciate su American Herald Tribune (Mohsen Abdelmoumen), L'Eco di Bergamo (Franco Cattaneo), Report Difesa (Maria Enrica Rubino) e il blog de L'Espresso (Giancarlo Capozzoli).

I testi sono stati adattati alla presente pubblicazione. Trattandosi di articoli scritti nel corso di un anno si possono trovare delle ripetizioni di forma e di concetti.

Nell'anno del Covid, che sta creando fortissime incertezze in tutto il mondo, si è utilizzata la chiave interpretativa dell'intelligence, evidenziando soprattutto le ricadute nel nostro Paese e puntualizzando costantemente il rischio del disagio sociale, che può incidere sulla stabilità delle istituzioni democratiche. In tale quadro, il tema educativo è stato più volte sottolineato come centrale.

Inoltre non sono mancati approfondimenti su anniversari e accadimenti, come i 40 anni della strage di Bologna, il referendum sulla riduzione dei parlamentari e la scomparsa di Sean Connery, interprete insuperato di 007, John Le Carrè, che ha fatto della spy story un'arte.

Alcuni articoli sono stati scritti insieme ad amici e collaboratori come Antonino Vaccaro, professore ordinario allo IESE di Barcellona, e Luigi Rucco, Segretario generale della Società italiana di intelligence.

Li ringrazio per avere contribuito a questo lavoro con le loro importanti riflessioni, così come l'editore Santelli che ha creduto nella pubblicazione e Paolo Messa, fondatore di "Formiche", che ha voluto impreziosire il volume con una sua significativa prefazione.

Mario Caligiuri

Parte I

Articoli

Il disagio sociale digitale mette a rischio la sicurezza nazionale.
(05/02/2020)

Come e perché il disagio sociale digitale potrebbe presto investire il nostro Paese, rappresentando un problema di sicurezza nazionale. È la considerazione emersa in occasione dell'Italian Conference on Cybersecurity che si sta svolgendo ad Ancona presso l'Università Politecnica delle Marche

---

La crisi della democrazia crea disagio sociale con una politica condizionata dall'intelligenza artificiale. Infatti il disagio sociale digitale potrebbe presto investire il nostro Paese, rappresentando un problema di sicurezza nazionale. Il tema della cybersecurity non può essere declinato prevalentemente in chiave tecnologica poiché per comprenderlo adeguatamente è fondamentale l'approccio delle scienze umane.

Le ragioni che possono determinare un aumento del disagio sociale a livello globale possono essere diverse: dalla diminuzione del potere di acquisto dei cittadini occidentali all'aumento dell'immigrazione, dalla precarizzazione del lavoro all'avvento dell'intelligenza artificiale. Nel nostro Paese peraltro sono tanti i segnali di disagio, a cominciare dalla circostanza che negli ultimi anni quasi cinque milioni di italiani non hanno potuto provvedere alle cure mediche per ragioni economiche.

La Rete contribuisce ad amplificare il disagio sociale, in

quanto oggi in Italia quando si parla di politica in realtà si parla di intelligenza artificiale, come dimostrano l'incidenza della piattaforma Rousseau per i Cinque Stelle e della "Bestia" di Luca Morisi per la Lega. In tale prospettiva, la sicurezza informatica, come la privacy individuale, sono molto difficili da perseguire, poiché si sta profilando una società della sorveglianza.

È la progressiva crisi della democrazia che sta determinando un crescente disagio sociale, facendo emergere uno scenario in cui le istituzioni pubbliche potrebbero presto perdere credibilità con una conseguente disobbedienza di massa. Pertanto l'intelligence nazionale dovrebbe osservare con grande attenzione questo fenomeno, che al momento potrebbe essere considerato un segnale debole ma che potrebbe diventare un fiume in piena. Il muro di Berlino nel 1989 crollò all'improvviso, stupendo anche l'onnipresente Stasi, che pure si occupava costantemente delle "vite degli altri".

Il coronavirus e la sicurezza nazionale. La riflessione di Caligiuri (23/02/2020)

È complesso tutelare la sicurezza nazionale, con governanti in difficoltà e cittadini inconsapevoli, entrambi condizionabili a livello emotivo prescindendo dalla realtà dei fatti.

Cosa potrebbe dimostrare l'emergenza del coronavirus sulla sicurezza nazionale? Prima di tutto una qualche impreparazione di chi formalmente ci rappresenta, che da un lato utilizza anche questa seria emergenza per polemiche politiche e dall'altro dimostra inadeguatezza nei compiti istituzionali.

Inoltre, evidenzia una superficialità di chi scrive per mestiere, dove emergono incompetenze nella cultura scientifica e superficialità nell'affrontare il problema, diffondendo confusione più che corretta informazione, in modo da alimentare sia panico che sottovalutazione.

Peraltro va rilevato che la dimensione contemporanea è quella del rischio, come aveva compreso Ulrich Beck, già prima della caduta del muro di Berlino. Da questo punto di vista, il coronavirus mette tutti con i piedi per terra, perché dimostra che è tutto in gran parte fuori controllo: i processi economici, le tendenze sociali, le nostre stesse vite. Si potrà dire che è sempre stato così: verissimo ma solo che negli ultimi decenni stiamo dimenticando sempre più spesso che epidemie e guerre hanno da sempre scandito la storia dell'umanità.

Infine, va rilevato che il web è più virale del coronavirus, poiché probabilmente sta provocando più danni. Quest'ultimo aspetto individua, infatti, un tema fondamentale delle democrazie contemporanee, poiché accentua da un lato la tendenza delle opinioni che si equivalgono con la conseguente scomparsa della verità (Hannah Arendt) e dall'altro che il web dà spazio a legioni di imbecilli (Umberto Eco).

Dal primo momento si sono agitate le comode teorie del complotto, facilmente spendibili soprattutto in una nazione come la nostra dove il 26,9% è analfabeta funzionale, cioè non sa leggere, scrivere e far di conto. Questo pone un problema di fondo sulla sicurezza nazionale, dove la maggiore forma di difesa dovrebbe essere rappresentata da una cittadinanza istruita.

Quindi è complesso tutelare la sicurezza nazionale, con governanti in evidente difficoltà e cittadini inconsapevoli, entrambi condizionabili a livello emotivo prescindendo dalla realtà dei fatti.

Secondo uno dei più autorevoli virologi italiani, Giulio Tarro, che nel 1979 scoprì le cause del virus sinciziale a Napoli salvando migliaia di bambini, il coronavirus è una forma benigna e molto più mite rispetto alla Sars e benché più trasmissibile è meno letale, poiché presenta finora una mortalità del 2% a fronte del 10% della precedente epidemia. Lo scienziato inoltre afferma che il picco dell'infezione potrebbe attenuarsi in primavera, ricordando inoltre che secondo l'Organizzazione Mondiale della Sanità occorreranno 18 mesi per predisporre il vaccino, mentre secondo Bill Gates, ma va approfondito, già entro novembre questo potrebbe essere disponibile.

Essendo il mondo globalizzato, le stime del Pil mondiale sono al ribasso, compreso quello italiano, rappresentando da noi un elemento che può accentuare ancora di più il disagio sociale, che, dal mio punto di vista, può a breve rappresentare un problema di sicurezza nazionale per la tenuta delle istituzioni repubblicane.

Infatti, in un mondo interconnesso che ci siano ricadute è inevitabile. Dalla Cina il messaggio è stato chiarissimo: il medico che per primo ha lanciato l'allarme è stato arrestato e poi dopo qualche settimana è morto a causa del coronavirus. Tali premesse qualche interrogativo dovrebbero pur porlo.

Allarme Sud (e non solo). Perché gli 007 si occupano di disagio sociale
(29/03/2020)

Occorre che l'intelligence, con grandissima attenzione, esamini in funzione predittiva in tutta Italia il rischio di disagio sociale che se dovesse superare la soglia di guardia potrebbe certamente incidere sulla sicurezza nazionale.

La pandemia può generare una crisi economica capace di determinare rivolte diffuse nel Sud ovvero favorire, come ha appena spiegato l'ex Procuratore Pignatone, un ruolo di crescente influenza per le mafie?

Con l'epidemia del coronavirus il problema del disagio sociale potrebbe diventare drammatico. Per cercare di comprenderlo nella sua effettiva importanza, dovremmo cercare di essere lucidi, unendo i punti rilevanti per contestualizzarli nel tempo e nello spazio.

Storicamente, i cambiamenti reali sono stati originati da motivi fiscali e l'età contemporanea ne è una conseguenza. La rivoluzione americana è esplosa nel 1776 al grido di "No taxation without representation", mentre la rivoluzione francese del 1789 è scoppiata per la bancarotta, provocata da una tassazione che esonerava i più ricchi, addossandola prevalentemente al terzo stato.

Secondo l'Ocse (ma si dovrà verificare l'andamento dell'economia americana), la riduzione del Pil mondiale potrebbe essere compresa tra lo 0.5% e l'1.4% che in Italia si potrebbe tradurre nel 4-5% con il fallimento di circa 150.000 imprese, pari al 4% di quelle esistenti, e con un aumento della disoccupazione che potrebbe raddoppiare arrivando al 20%.

Goldman Sachs, che ebbe un ruolo rilevante dopo tangentopoli nelle privatizzazioni delle industrie pubbliche nazionali, prevede per l'Italia una riduzione del Pil addirittura dell'11%.

Ma tutte queste previsioni rischiano di diventare aleatorie, perché occorre confrontarle con l'effettiva durata dell'emergenza. Infatti, una cosa è tornare alla normalità a maggio e un'altra farlo a luglio. E se si accorciano i tempi si attenua l'impatto.

Senza dimenticare le rivolte nelle carceri delle settimane passate e i dodici pacchi bomba inviati soprattutto nel Lazio, al momento si registrano episodi isolati come a Bari e a Palermo, tanto che ieri, a tre settimane dal blocco totale, il governo ha annunciato uno stanziamento di 400 milioni per i generi alimentari, con una media di 50.000 euro a comune. Ma quando i risparmi si eroderanno, migliaia di pensioni non potranno più integrare il reddito delle famiglie, i flussi turistici si ridurranno drasticamente e tutte le attività economiche, quelle legali e quelle sommerse, continueranno a rimanere ferme, il problema inevitabilmente rischia di esplodere, se i futuri provvedimenti governativi non riusciranno a contenere in misura accettabile l'emergenza.

L'intelligence ha responsabilmente posto l'accento sul pericolo delle rivolte sociali. Ricordo che nel Rapporto del Dis al Parlamento depositato a fine febbraio si legge che "la minaccia anarco-insurrezionalista ha continuato a rappresentare un ambito di impegno prioritario per l'intelligence".

Il disagio sociale sicuramente ci sarà e non avrà alcuna delimitazione geografica, investendo in misura massiccia tutto il Paese.

Infatti, con la diminuzione delle entrate fiscali, lo Stato

avrà meno risorse non tanto per gli investimenti ma specialmente per i servizi, come sanità, istruzione e welfare. Non a caso il presidente dell'Inps in un primo momento aveva comunicato che la copertura del pagamento delle pensioni c'era solo fino a maggio. Per fronteggiare la crisi la Germania ha previsto interventi per 550 miliardi di euro, la Francia per 400, l'Italia per circa 50.

Nel nostro Paese, le regioni economiche trainanti della Lombardia, dell'Emilia-Romagna e del Veneto sono quelle più colpite e quindi, nonostante il maggiore benessere, potrebbero risentire persino in misura maggiore della crisi, con il rischio reale di rivolte sociali. Nel Sud è preoccupante il livello di povertà, mitigato dal maggior numero di stipendi pubblici e di redditi di cittadinanza. E in queste condizioni, è esponenziale il rischio di un ulteriore aumento della penetrazione delle mafie.

In ogni caso, occorre che l'intelligence, con grandissima attenzione, esamini in funzione predittiva in tutta Italia il rischio di disagio sociale che se dovesse superare la soglia di guardia potrebbe certamente incidere sulla tenuta delle istituzioni democratiche.

Se la disinformazione e la propaganda mediatica non riusciranno ad essere efficaci, un numero sempre superiore di cittadini, spinti dall'urgenza dei bisogni, potrebbe appunto unire i punti. Manager sanitari pagati da decenni più del presidente degli Stati Uniti; parlamenti che dimostrano la loro non indispensabilità, poiché le scelte fondamentali vengono assunte altrove; Regioni che hanno bilanci per oltre i due terzi riservati alla sanità, con i territori meridionali che presentano accentuate difficoltà; Unione Europea che riceve da anni dall'Italia molte più risorse di quante, per nostra incapacità, poi noi riusciamo ad utilizzare; rappresentanti istituzionali ed esperti che prima hanno espresso superficiali e dannose opinioni per poi modificarle radicalmente. E una volta finita l'emergenza speriamo che non si confermi l'affermazione di Gabriel Garcia Marquez: "La vergogna ha la memoria debole".

Di fronte a crescenti difficoltà economiche, potranno essere mantenuti compensi, rendite e privilegi oggettivamente ingiustificati e dietro ai quali non corrisponde nessuna utilità sociale?

Sulla base di queste considerazioni, sicuramente emergerà con forza (speriamo non con violenza) il problema se i cittadini saranno ancora disposti ad obbedire alle autorità.

Nel numero di dicembre del 2019, "Formiche" aveva allegato un mio volumetto, in cui si era posto il tema: "La rivoluzione dietro l'angolo. Come il disagio sociale digitale minaccia la sicurezza nazionale".

Le circostanze non sono facili per nessuno e ci auguriamo nei prossimi giorni interventi adeguati ad una emergenza, che finora le classi dirigenti di quasi tutta l'Europa hanno affrontato con impensabile incompetenza, dimostrando tutta la loro fragilità. Certo è facile governare per decenni quando le cose vanno bene a prescindere, finendo con l'attribuire a sé l'arrivo della stagione dei monsoni. Ed è del tutto evidente che se, come avviene in Italia, gli emolumenti di parlamentari e consiglieri regionali è talmente elevato, inevitabilmente si seleziona una classe dirigente inadeguata.

Concludiamo dicendo che dopo ogni crisi si liberano energie e opportunità: per esempio, utilizzare l'opportunità della digitalizzazione forzata, trasformare questo shock in una nuova consapevolezza delle istituzioni, valorizzare i talenti emarginati nella pubblica amministrazione, redistribuire in modo più equo le risorse erodendo i privilegi, ridurre l'insostenibile peso burocratico (se in Lombardia, con l'apporto di Bertolaso, si può allestire un Ospedale in dieci giorni perché dopo 11 anni L'Aquila deve ancora rimanere in quel modo?).

Al di là delle risorse finanziarie, che saranno per forza

insufficienti, speriamo che questi o altri positivi cambiamenti possano attenuare un inevitabile disagio sociale, limitando un probabile disastro annunciato.

Colao e le task force. Ok ma manca la sicurezza nazionale.
(12/04/2020)

Nei comitati che stanno affrontando l'emergenza ai vari livelli, potrebbe essere utile prevedere la presenza di esperti sulla sicurezza nazionale, indispensabili per offrire un particolare punto di vista ai responsabili delle istituzioni. È un momento in cui prima di decidere c'è bisogno di informazioni adeguate per orientare le scelte pubbliche

---

L'emergenza del coronavirus richiede che il governo coinvolga le migliori energie per fronteggiare la difficile situazione. Con la dichiarazione di Christine Lagarde abbiamo constatato come una semplice frase possa incidere profondamente sui rendimenti dei titoli di Stato, sugli indici della borsa di Milano e sulle quotazioni dell'Eni.

Per cui la comunicazione istituzionale di questo periodo dovrebbe essere la più concordata e omogenea possibile, stabilendo ambiti di condivisione comuni per strategie e contenuti informativi. E ciò per fornire corretti strumenti interpretativi ai cittadini e per difendere gli asset nazionali. Infatti, nel rapporto con l'Unione Europea occorre rappresentare gli interessi nazionali, identificati non solo nella richiesta di interventi economici.

La visione dell'interesse nazionale è oggi più importante che mai, come il Copasir, guidato da Raffaele Volpi, ha più volte puntualizzato. In questa fase più che affidare settori importanti della gestione dell'emergenza a responsabili politici dei dicasteri o a dirigenti della pubblica amministrazione, il governo ha ritenuto opportuno fare ricorso a manager esterni. La scelta è caduta su esponenti come Domenico Arcuri e Vittorio Colao, che hanno diretto strutture complesse. Essendo entrambi di origini calabresi, ne suggerirei un terzo, Antonio Catricalà, che potrebbe fornire un apporto non indifferente nella chiarezza dei dispositivi, dei regolamenti e delle autocertificazioni. Si conferma così che per tutelare l'interesse nazionale bisogna fare ricorso a tutte le risorse della Repubblica.

Pertanto, nei comitati che stanno affrontando l'emergenza ai vari livelli, potrebbe essere utile prevedere la presenza di esperti sulla sicurezza nazionale, indispensabili per offrire un particolare punto di vista ai responsabili delle istituzioni. È un momento in cui prima di decidere c'è bisogno di informazioni adeguate per orientare le scelte pubbliche, che debbono più che mai rispondere alle regole democratiche.

Infatti, nell'emergenza si opera per legge in condizioni di necessità. Di conseguenza le regole democratiche devono essere mantenute più vive che mai, cercando i punti di incontro e perseguendo la trasparenza. Pertanto, aggiungendosi agli apporti che già le agenzie di intelligence stanno attivamente fornendo, la presenza di esperti sulla sicurezza nazionale nei comitati sarebbe auspicabile. Quello che succederà nei prossimi mesi metterà dovunque a dura prova la tenuta delle istituzioni, l'organizzazione sociale e la struttura economica. Affrontare queste incertezze nella chiave predittiva dell'intelligence potrebbe evitarci ulteriori difficoltà e qualche spiacevole sorpresa.

Sei takeaway per i politici dalla risposta dell'Italia a Covid-19. Il "modello italiano" alla gestione del coronavirus sottoposto ai politici europei
(Forbes, scritto con Antonino Vaccaro*, 14/04/2020)

Mentre il mondo continua la sua battaglia contro la diffusione del Coronavirus, i politici a livello globale farebbero bene a verificare come i paesi più colpiti finora hanno risposto a questa crisi. Non solo per individuare quali potenziali insidie dovrebbero evitare, ma anche per vedere quali politiche e approcci hanno funzionato e dovrebbero essere ulteriormente replicati. Sosteniamo che, in particolare, la risposta dell'Italia può fornire alcune lezioni utili e indicare una serie di migliori pratiche per i responsabili politici a questo proposito.

In linea con questo, un articolo di Gary P. Pisano, Raffaella Sadun e Michele Zanini su 'Lezioni dalla risposta italiana al coronavirus' è stato recentemente pubblicato da "Harvard Business Review". Sebbene siamo d'accordo con la maggior parte delle considerazioni espresse da questi autori qualificati, crediamo che la risposta dell'Italia al Coronavirus possa anche mettere in evidenza alcune pratiche per i politici che stanno attualmente combattendo contro questa crisi globale senza precedenti. Ciò è particolarmente rilevante considerando il fatto che troppi Paesi europei hanno già ritardato le loro risposte a questa pandemia.

Un'analisi critica della reazione italiana all'infezione da

* Antonino Vaccaro, professore ordinario allo IESE di Barcellona

COVID-19 potrebbe fornire almeno sei takeaway degni di attenzione.

1. Dare priorità alla salute e al benessere dei cittadini

Il primo punto riguarda la priorità assegnata dal governo italiano e dalle istituzioni italiane alla salute e al benessere dei cittadini. Mentre alcuni Paesi, come ad esempio il Regno Unito, hanno assunto le prime decisioni privilegiando considerazioni finanziarie ed economiche, l'Italia si è concentrata prima sul fondamentale diritto alla vita e al benessere di ciascun cittadino.

Non c'è dubbio che il governo abbia commesso alcuni gravissimi errori e abbia ritardato l'adozione di importanti decisioni drastiche, ma non ha mai smarrito attenzione per la salute e il benessere dei cittadini, a cominciare dalla tempestiva dichiarazione dello stato di emergenza del 31 gennaio 2020, alla quale però sono poi seguiti provvedimenti incerti e ritardati.

I responsabili politici non dovrebbero mai dimenticare che l'approccio del 'business as usual', guidato da considerazioni finanziarie ed economiche, rischia di disumanizzare la società e dare centralità al profitto piuttosto che al benessere delle persone. Parafrasando il titolo di un famoso articolo scientifico, non dovremmo mai dimenticare che il 'business del business è la persona umana'.

2. Enfatizzare la comunicazione trasparente

Il secondo punto riguarda la strategia di comunicazione dell'Italia e la sua lotta contro la disinformazione. Mentre alcuni leader mondiali e alcuni paesi hanno fornito informazioni scientificamente non supportate e problematiche secondo molti esperti e dati frammentari, ritardati e incompleti, il governo italiano ha scelto la strada della completezza dei dati, con il rischio anche di incertezza, ma legate alla estrema trasparenza.

In questo contesto, le istituzioni italiane hanno anche svolto un lavoro ulteriore per controllare e neutralizzare la diffusione di informazioni false, che si diffondono sui social media accentuando una situazione già molto difficile.

3. Concentrarsi sulla flessibilità e adottare un approccio integrato

Un altro aspetto importante riguarda le capacità e la flessibilità di integrazione italiana, che pur con incertezze, si riscontra in alcuni settori in modo accentuato. Le organizzazioni che generalmente lavorano in contesti molto distanti tra loro, hanno integrato le loro capacità operative per fornire strumenti e macchine importanti per combattere COVID-19.

Ad esempio, l'italiano Siare Engineering International Group, una delle quattro società al mondo produttrici di ventilatori polmonari, ha subito integrato nella sua organizzazione un team di ingegneri militari al fine di garantire la produzione in 24 ore. Esistono centinaia di altri esempi simili nel paese, tra cui l'integrazione operativa tra il Dipartimento della Protezione civile italiana e le tante e generose associazioni di volontari locali, nonché i casi di piccole fabbriche che producono maschere di protezione e forze di polizia che le distribuiscono. Un altro esempio degno di nota è il settore della moda italiano. Aziende come Valentino, Calzedonia, Geox e Prada sono passate rapidamente alla produzione di maschere e altro materiale utile per aiutare i professionisti sanitari e la popolazione in generale.

È interessante notare che la reazione italiana non è stata né dall'alto né dal basso. Ha invece dimostrato di essere uno sforzo di collaborazione spontanea e reciproca tra attori di qualsiasi tipo e livello, disposti a collaborare in modi innovativi.

4. Il rapido sviluppo di un efficace sistema logistico di emergenza

L'Italia ha sviluppato rapidamente infrastrutture (ad esempio individuando 'ospedali COVID' ad hoc in tutto il Paese) e sistemi di trasporto di emergenza che stanno salvando migliaia di vite.

Questo complesso sforzo implica anche il coordinamento tra istituzioni militari e civili, in particolare per il trasporto di persone in situazioni estreme. Vale la pena ricordare che la configurazione geografica dell'Italia, che è estremamente estesa da nord a sud, rende questo sforzo ancora più complesso. Pertanto, le istituzioni italiane si stanno integrando con successo sul trasporto terrestre (ad es. ambulanze) e aereo (ad es. elicotteri). I risultati ovviamente non sono perfetti, ma in ogni caso significativi.

5. Enfasi alla responsabilità professionale

Vale la pena sottolineare anche l'estrema importanza attribuita nella cultura italiana alla responsabilità professionale. Una cultura sistemica della responsabilità professionale nelle professioni critiche come infermieri, medici, funzionari pubblici ha permesso al sistema italiano di aumentare il numero di professionisti che combattono contro COVID-19.

Proprio di recente, la Protezione Civile italiana ha lanciato un bando per chiedere l'aiuto di 500 infermieri volontari. In meno di 48 ore, ha ricevuto oltre 9500 domande. Non possiamo anche dimenticare, tra molti casi eccezionali, quello di Gianpiero Giron, un medico in pensione di 85 anni, che ha deciso di tornare al servizio perché non ha mai dimenticato il giuramento che ha fatto nel 1960 'per salvare l'umanità'. Dobbiamo anche ricordare che in questi giorni, innumerevoli rappresentanti dei Carabinieri, della Polizia, della Guardia di finanza e delle forze armate italiane, funzionari pubblici e cittadini normali hanno deciso di rischiare la vita, ben oltre i loro doveri, a causa di questo senso unico di responsabilità professionale e civile.

6. Chiedere una risposta internazionale coordinata

Una crisi globale come questa ha bisogno di una risposta globale. L'Italia lo ha capito presto, come dimostrato dai suoi tentativi di coinvolgere tutti i paesi europei nella lotta contro COVID-19.

Durante la prima e la seconda settimana di febbraio, l'Italia ha lavorato per organizzare la prima assemblea straordinaria tra tutti i ministri della sanità dell'Unione europea. Durante l'incontro di Bruxelles del 13 febbraio, il governo italiano ha espresso la necessità per tutti i paesi europei di affrontare la crisi COVID-19 in modo integrato e di prendere in seria considerazione anche la situazione africana. Sfortunatamente, la voce del governo italiano non è stata ascoltata.

Intelligence e pandemia, ecco le proposte della Socint per far ripartire il Paese (23/04/2020)

Cosa è emerso dalla ricerca dal titolo "Analisi di Intelligence e Proposte di Policy sul Post-Pandemia Covid-19 (aprile 2020 – aprile 2021)"

Nello studio della Società Italiana di Intelligence "Analisi di Intelligence e Proposte di Policy sul Post-Pandemia Covid-19 (aprile 2020 – aprile 2021)", allegato al numero cartaceo di "Formiche" dell'aprile 2020, sono state esaminate una serie di tendenze in modo organico e coordinato, con l'orizzonte temporale dell'aprile 2021.

Nel report si sostiene che l'elemento più grave da affrontare sarà il disagio sociale, conseguenza di quello sanitario, economico e politico. Questo comporta l'inevitabile accentuazione delle diseguaglianze territoriali e quelle tra i cittadini. Il disagio sociale rischia contemporaneamente di ampliare il bacino di reclutamento della criminalità e di accentuare le spinte separatiste delle aree più sviluppate del Paese.

Parimenti si stanno rafforzando le tendenze di forte contestazione alle politiche comunitarie, fino ad un potenziale allontanamento dall'Unione Europea, come dimostrano alcuni sondaggi.

A livello di policy, si è posto l'accento su misure che possano riequilibrare il divario tra classi sociali e in particolare tra le élite pubbliche e i cittadini, attraverso una serie di interventi strutturali sulla riduzione dei costi della politica e dell'apparato burocratico, per i quali in gran parte bastano normali provvedimenti legislativi. Si tratta di somme che incidono poco sul bilancio dello Stato ma rispondono molto a criteri di effettiva giustizia sociale.

È emersa la necessità di ridefinire nuovamente i poteri tra Stato e Regioni, specie in ambito sanitario ridando allo Stato un ruolo più incisivo. A livello geopolitico, si è posto il tema di un più chiaro posizionamento italiano rispetto alle alleanze internazionali, avendo come punto di riferimento l'interesse nazionale. Sul piano militare, l'analisi ha preso in esame il probabile ridimensionamento dei fondi nel bilancio pubblico nel settore della difesa, stimato in circa 3 miliardi di Euro.

Inoltre, si è posto l'accento su ambiti di intervento che andrebbero rafforzati, come la protezione del dominio cyber e la prevenzione di minacce nucleari, biologiche e chimiche, considerato che l'attuale pandemia potrebbe non essere l'ultima.

A livello economico e industriale, si è rilevata la probabile debolezza italiana sui mercati internazionali, che potrebbe comportare infiltrazioni criminali e acquisizioni degli asset nazionali da parte estera, col depotenziamento dell'industria manifatturiera. Pertanto viene auspicato l'aggiornamento della normativa del golden power, valutando in questa fase il divieto della vendita delle aziende strategiche.

I rischi vanno monitorati nell'immediato, ma soprattutto nel medio periodo, poiché la criminalità organizzata, le multinazionali, le banche d'affari, i fondi sovrani e i Paesi stranieri potrebbero agire a distanza di tempo ponendo però adesso le basi per i loro interventi futuri. Inoltre, proprio ora andrebbero predisposte le condizioni legislative e fiscali per incentivare il rientro sia delle sedi legali delle aziende che delle attività produttive.

A livello scientifico si è evidenziata la necessità di rafforzare la sicurezza dei dati e delle infrastrutture digitali del sistema scientifico, in particolare delle strutture sanitarie. È stata richiamata l'importanza di bilanciare il ruolo degli scienziati con quello dei decisori politici, poiché si è passati da una iniziale sottovalutazione degli esperti a fare dipendere da loro anche parte delle scelte politiche.

Infine, è stato fatto notare che l'emergenza educativa non può essere affrontata semplificando ulteriormente i percorsi di studio perché questo sicuramente accrescerà le distanze sociali e territoriali tra nord e sud.

Disagio sociale e mafie, o si cambia o si affonda.
(24/04/2020)

L'intelligence nazionale ha oggi un impegnativo compito previsionale in due aree fondamentali: il prevedibile disagio sociale e le ulteriori infiltrazioni criminali. Due elementi che possono minare alla base la democrazia nel nostro Paese. C'è il rischio che "i decisori pubblici affrontino le crisi come opportunità per loro stessi, non come problema della collettività"

L'ipotesi più probabile che i governi dovranno affrontare dopo la fine dell'emergenza sarà il disagio sociale. Tutto questo richiede iniziative politiche di alto spessore, che mirino ad affrontare i nodi strutturali e non a un consenso politico a breve termine. La risposta economica sarà in ogni caso insufficiente, sia perché l'Italia nonostante la sospensione del patto di stabilità comunitario ha già un bilancio molto pesante e sia perché le scelte governative stanno seguendo criteri di sostegno al reddito. La crisi economica apre larghi spazi, in Italia come nel resto del mondo, alle ulteriori infiltrazioni criminali nell'economia legale e quindi nel tessuto sociale, politico e istituzionale.

Un discorso a parte riguardano i provvedimenti legislativi, che mentre da un lato sono necessari, in linea con quanto stanno adottando dopo di noi tutte le nazioni, dall'altro hanno posto questioni sui tempi e sulla legittimità. Per quanto riguarda i primi ci sono denunce penali delle quali si dovrà poi verificarne la fondatezza, dall'altro sono state evidenziate osservazioni sulla costituzionalità e sull'opportunità di taluni provvedimenti, che hanno prodotto un'incertezza normativa con conseguente confusione nei cittadini e sfiducia negli investitori. Per quanto riguarda le proposte di policy, un'ipotesi per contenere l'inevitabile disagio sociale è quella di assumere decisioni impopolari. Ci sarà bisogno di scelte dolorose che rispondano a criteri minimi di giustizia sociale.

Tra queste, si può discutere tempestivamente su questioni controverse, ma comunque da affrontare, come: tassare le grandi rendite; porre un tetto alle pensioni d'oro; ridurre gli emolumenti e i benefici ai parlamentari e ai consiglieri regionali (come si è già fatto in Giappone e in Nuova Zelanda, in Bulgaria e in Grecia); diminuire i compensi dei direttori generali della sanità e delle figure apicali dei ministeri e delle regioni; limitare i compensi dei componenti e dei dipendenti delle alte istituzioni (Presidenza della Repubblica, Parlamento, Corte Costituzionale ed altro).

Si tratta di stipendi molto elevati ai quali non corrisponde pari utilità sociale, né ragionevolezza, né paragoni con quanto accade altrove e che per la loro riduzione basterebbe, tecnicamente, solo un decreto-legge. Sebbene quelle appena elencate rappresentino voci di spesa relativamente modeste rispetto al bilancio dello Stato, esse possono incidere positivamente sulla selezione della classe dirigente e sul contenimento del disagio sociale, avvicinando le élite ai cittadini. Non è un caso che per dirigere le task force istituite per fronteggiare l'emergenza del coronavirus, siano stati individuati non dirigenti ministeriali ma manager esterni. Inoltre, andrebbero poste le basi adesso, in condizioni di emergenza, per adottare una politica di redistribuzione del reddito, anche a titolo dimostrativo, formulando il bilancio dello Stato con un diverso orientamento della spesa pubblica. Inoltre, andrebbe rivista con caratteri di urgenza una parte della legge Bassanini, in quanto ha creato più problemi di quanti ne abbia risolti, avviando così un reale snellimento burocratico. Infine, si dovrebbe programmare un serio intervento sulle carceri, disponendo la realizzazione di nuovi edifici. L'aspetto centrale sarà questo: dal punto di equilibrio che si raggiungerà nel nostro Paese tra le condizioni di indigenza e la riduzione del benessere dipenderà l'effettiva tenuta sociale.

In tale quadro, prendendo spunto dalla sanità, occorre intervenire con immediatezza su una diversa riarticolazione dei ruoli tra Stato e Regioni, non potendo più prescindere da quanto constatato, spesso in modo drammatico, durante questa emergenza. È anche con provvedimenti sulla sanità che si contrastano davvero le mafie, le quali progrediscono non solo per la loro grande disponibilità economica ma soprattutto per le inefficienze delle élite pubbliche e per le ingiustizie sociali legalizzate.

Sull'infiltrazione della criminalità organizzata nell'economia legale, da più parti responsabilmente evidenziata, si richiedono risposte politiche urgenti. Infatti, i settori economici più esposti agli appetiti della criminalità economica sono quelli che risentiranno maggiormente non solo del lockdown in atto ma anche di una ripresa più lenta correlata alla "fase 2". L'aggressione della criminalità organizzata si evidenzierà più che nel breve periodo in quello medio-lungo, principalmente nei settori del turismo, degli eventi, della ristorazione, dei trasporti e anche delle compagnie aeree. Particolare attenzione bisognerà dedicare alle variazioni di proprietà delle attività nelle Camere di Commercio e alle procedure delle sezioni fallimentari dei Tribunali. In questo complesso di fattori, l'intelligence nazionale ha un impegnativo compito previsionale in due aree fondamentali: il prevedibile disagio sociale e le ulteriori infiltrazioni criminali. Due elementi che possono minare alla base la democrazia nel nostro Paese.

A questi rischi ne va aggiunto necessariamente un altro rappresentato dalla circostanza planetaria che, "essendo le crisi stati di necessità in cui il potere costituito può assumere scelte che in condizioni normali ragioni giuridiche e sociali non consentirebbero, i decisori pubblici vedono e trattano le crisi come opportunità per loro stessi e per i rispettivi sponsor, non come problema della collettività". Che è quanto ha già dimostrato la gestione della terribile crisi finanziaria del 2008.

Scuole chiuse e didattica a distanza, perché è fondamentale il problema educativo
(scritto con Luigi Rucco*, 27/04/2020)

Le attività didattiche non riprenderanno la loro normalità prima di settembre 2020 e, anche allora, sarà necessario ricorrere a modalità miste di didattica in presenza e attività a distanza. Si pone l'interrogativo su quali possano essere gli effetti dell'interruzione e della trasformazione didattica sulla competitività del sistema Paese

Una nota di particolare interesse nell'attuale contesto della pandemia riguarda il problema educativo, che ha un impatto diretto sul sistema scientifico, economico e sociale. Le istituzioni scolastiche, a tutti i livelli, hanno subìto una brusca discontinuità nel modo di erogare la didattica. Le università hanno predisposto iniziative di formazione online. Oltre l'80% degli studenti universitari ha potuto beneficiare di lezioni per via telematica, con alti livelli di frequenza poiché circa il 95% degli atenei ha attivato modalità di esame a distanza e finora oltre 26mila studenti si sono laureati da remoto.

Queste statistiche spingono a interrogarsi sulle conseguenze negative per la percentuale residuale, ma significativa in termini assoluti, degli studenti che non hanno potuto usufruire di lezioni, esami e lauree a distanza. Nelle scuole secondarie di primo grado la partecipazione all'attività di-

---

* Collaboratore del Laboratorio sull'Intelligence dell'Università della Calabria, Segretario generale della Società Italiana di Intelligence.

dattica a distanza è stata stimata nel 77%, mentre nell'ultimo triennio degli istituti di secondo grado la percentuale arriverebbe al 90%. Anche rispetto a queste statistiche emergono preoccupazioni per la percentuale tutt'altro che trascurabile degli esclusi. È stato fatto notare, inoltre, come l'efficacia della didattica a distanza nelle scuole presenti diversi punti critici, tra cui la diseguale dotazione digitale delle famiglie, la non uniforme diffusione e banda di Internet, la diversa possibilità di presenza e supervisione dei genitori, la capacità organizzativa e le dotazioni telematiche degli istituti ma soprattutto le reali competenze dei singoli insegnanti.

È ragionevole ritenere che le attività didattiche non riprenderanno la loro normalità prima di settembre 2020 e, pure allora, sarà necessario ricorrere a modalità miste di didattica in presenza e attività a distanza. Si pone l'interrogativo su quali possano essere gli effetti dell'interruzione e della trasformazione didattica sulla competitività del Paese.

Infatti, potrebbe arrecare ulteriore impoverimento alle competenze alfabetiche degli studenti italiani, alla capacità di ricerca e innovazione, incidendo sulla già indebolita traiettoria economica nazionale. Non è da escludere che Nazioni come la Cina, con sistemi educativi improntati a un forte rigore già dai primi livelli di istruzione, si rafforzino rispetto ai Paesi democratici. L'Italia, i cui studenti sono già da anni sotto la media Ocse per competenze linguistiche e scientifiche, potrebbe subire un'ulteriore regressione. Riguardo alle difficili proposte di policy sul piano pedagogico, la brusca discontinuità causata dall'emergenza Covid-19 rischia di allargare maggiormente il divario educativo tra il nord e il sud del Paese, premessa di tutti gli altri.

L'intento generale dovrebbe essere quello di avere politiche nazionali scolastiche sull'educazione che uniformino gli standard delle attrezzature tecnologiche, utilizzando il prossimo periodo estivo per organizzare una massiccia campagna di formazione per gli insegnanti. In tale quadro va oggettivamente constatato che l'autonomia scolastica ha portato più disagi che soluzioni, contribuendo ad indebolire le competenze degli studenti.

Per quanto riguarda l'università, la situazione di emergenza potrebbe servire per effettuare interventi di svolta rispetto alle politiche precedenti, in particolare nel numero chiuso in medicina, che in questo momento sta dimostrando tutti i suoi limiti, e sull'interruzione immediata dei meccanismi di selezione concorsuale, poiché il dibattuto sistema della doppia abilitazione ha creato un eccessivo numero di idonei che, specialmente in alcuni settori, non è assorbibile neanche nei prossimi anni, rendendo la sostenibilità del sistema accademico fuori controllo.

Inoltre, è fondamentale che l'emergenza sanitaria non diventi un'occasione per facilitare ulteriormente gli obblighi formativi e valutativi. In particolare, l'ipotesi di convergere verso promozioni di massa, senza le opportune verifiche nelle scuole come nelle università, rischia di indebolire ulteriormente il sistema educativo nazionale, specie al sud. Si conferma, quindi, la necessità di una strategia e di una cabina di regia a livello nazionale, che cominci a sperimentare innovazioni didattiche, prendendo coscienza della necessità di nuove discipline per l'insegnamento. Tra queste, certamente, l'intelligence, che è un metodo di trattazione delle informazioni per individuare quelle rilevanti in un contesto distinto dall'eccesso di informazioni che determina il suo opposto.

Pertanto, l'emergenza Covid-19 sembra confermare l'esistenza di una società della disinformazione che crea un corto circuito cognitivo nelle persone, allontanando intenzionalmente i cittadini dalla comprensione della realtà.

L'emergenza educativa (e della classe dirigente). (12/05/2020)

La vera emergenza del nostro Paese è quella educativa, nel senso tecnico di scuola e università. Il dramma dell'analfabetismo e la crisi dell'istruzione non si affrontano aumentando il numero di insegnanti.

In tempi di crisi si potrebbero compiere scelte strutturali che in situazioni normali le condizioni giuridiche e sociali non consentirebbero.

Il coronavirus rappresenta una cartina tornasole perché rende nitide le contraddizioni di questo tempo: la globalizzazione che accresce le disuguaglianze, l'Unione Europea che neanche nelle difficoltà riesce a realizzare la solidarietà e l'Italia che paga uno dei prezzi più alti per problemi strutturali.

Dal mio punto di vista, si manifesta la vera emergenza del nostro Paese che è quella educativa, nel senso tecnico di scuola e università.

Le evidenze sono molteplici e spaziano dalle incertezze delle élite politiche e burocratiche agli scompensi dell'organizzazione sanitaria, dalla superficialità della narrazione mediatica alle improbabili risposte ai sondaggi dei cittadini.

Solo da noi il racconto della malattia ha provocato una videocrazia e una pandemia immateriale che sta scandendo perniciosamente queste fasi. E i limiti politici e sanitari sono una aristotelica conseguenza di quelli educativi. Mezzo secolo di "facilismo amorale" ha progressivamente abbassato il livello dello studio, la capacità critica e le competenze reali dei cittadini.

Ricordava Albert Einstein: "La vera crisi è l'incompetenza". Non so se il coronavirus sarà il pettine che indurrà a cambiamenti di fondo (quasi sicuramente no) ma il disagio sociale che seguirà alla riduzione del Pil dovrebbe indurre le élite pubbliche nazionali a guardare al futuro e non a gestire l'emergenza a proprio vantaggio.

Appunto per questo la decisione di stabilizzare ulteriori 16 mila docenti sembra direzionarsi, scriverebbe Giuseppe Tomasi di Lampedusa, verso "l'ordine, il disordine consueto".

Il '68 si verificò in tutto il mondo ma solo da noi si chiesero, e irresponsabilmente si concessero, gli esami di gruppo e il 18 politico. Parallelamente, adesso, di fronte alla riduzione degli studenti e alle lezioni da casa continuiamo ad assumere docenti?

In Germania gli insegnanti delle elementari percepiscono uno stipendio del 130% in più e per una ragione assai banale: sono un terzo dei nostri pur avendo più allievi. Così come non è più possibile mantenere una selezione dei docenti universitari con le attuali regole che hanno creato un terribile precariato accademico che durerà tanto tempo poiché tutti gli abilitati non riusciranno mai ad entrare in ruolo.

E sapete come si cerca di affrontare il problema? Aumentando da 5 anni a 9 anni la validità dell'abilitazione. E nel frattempo continuano senza soste le preparazioni di altri concorsi.

Evidentemente si persegue l'obiettivo che dopo la licenza media dell'obbligo, praticamente il diploma dell'obbligo e tante volte la laurea dell'obbligo, si aggiunga anche l'ordinariato dell'obbligo.

Sarebbe l'ora di ripensare seriamente su tali politiche e

non tanto ai centimetri delle distanze tra i banchi quando si tornerà a scuola. Infatti, veniamo obbligati a soffermarci sui dettagli invece di riflettere sui problemi veri: chi insegna e come e cosa si trasmette davvero alle giovani generazioni.

Pertanto, quanto stiamo vivendo in queste settimane non è un problema sanitario o politico ma è appunto una conseguenza della insostenibile leggerezza educativa del nostro Paese. Al momento più di un quarto dei nostri concittadini è analfabeta funzionale, temo anche con qualche rappresentanza in Parlamento, negli ospedali e nelle università. Questo dato è destinato ad aumentare se continuiamo imperterriti con stabilizzazioni scolastiche e concorsi accademici a volte discutibili.

Il mio invito al ministro dell'Università Gaetano Manfredi, che conosco e stimo, e al ministro della Pubblica Istruzione Lucia Azzolina è a non farsi sommergere dalla pur incombente emergenza ma di osare scelte che oggi sono impopolari ma che domani saranno certamente apprezzate.

Coronavirus, lo spettro del disagio sociale e il ruolo dell'intelligence
(L'Eurispes.it, 29/05/2020)

Durante la Seconda guerra mondiale Winston Churchill affermò «È l'ora più buia». Per similitudine, oggi potremmo affermare che «È l'ora più chiara». Infatti, di fronte ad una situazione inedita e sottovalutata, stanno diventando evidenti tutte le contraddizioni della globalizzazione, dell'Unione Europea e del sistema nazionale. Pertanto, potrebbe essere utile riflettere sulle reali conseguenze di quanto sta accadendo in funzione del prossimo futuro in una prospettiva di intelligence.

L'interesse nazionale e l'intelligence

L'Italia ha definito i suoi fattori di potenza nella legge 124/2007 sulla riforma dei Servizi individuandoli negli aspetti politici, militari, economici, industriali e scientifici. Appunto per questo, la Società Italiana di Intelligence – che si propone di far riconoscere la disciplina nelle Università del nostro Paese – ha redatto uno studio per analizzare le ricadute della pandemia in atto nell'arco di un anno. La chiave di lettura è, appunto, quella dell'intelligence, intesa come capacità di interpretare la realtà e prevedere i futuri possibili. Sostenere le scelte pubbliche con adeguate informazioni è determinante, poiché è interesse dello Stato evitare che i decisori pubblici gestiscano la crisi come per rafforzare il proprio potere anziché risolvere i problemi dei cittadini. Non per nulla, l'intelligence deve cercare di cogliere i segnali deboli che non vengono adeguatamente percepiti. Allora, per comprendere quanto ci circonda è fondamentale selezionare le informazioni rilevanti e contestualizzarle in profondità, unendo i punti. Circostanza non semplice, poiché la dismisura della disinformazione crea un corto circuito cognitivo nelle persone, allontanandole dalla sempre difficile comprensione della realtà.

Il fantasma del disagio sociale

All'attenuarsi dell'emergenza, sullo sfondo si intravede, abbastanza prossimo, il fantasma del disagio sociale. L'aspetto centrale è questo: la tenuta civile del nostro Paese dipenderà dall'equilibrio che si determinerà tra le persone che diventeranno indigenti e quelle che manterranno un pur ridotto benessere. Pertanto, il disagio sociale sarà la conseguenza più probabile e più grave e si accompagnerà all'ulteriore invadenza delle mafie, le quali utilizzeranno questa altra crisi – così come quella del 2008 – per infiltrare ulteriormente le attività economiche. Di fronte a uno scenario non semplice sarebbero necessari interventi strutturali, a cominciare dai costi della politica (compresi quelli dell'alta burocrazia statale e regionale). Compensi che sono, quanto meno, irragionevoli. Si tratta di somme che incidono poco sul bilancio complessivo dello Stato, ma significano molto per avvicinare le élite ai cittadini. In questa prospettiva, l'intelligence ha il compito primario di monitorare il disagio sociale che può rappresentare non solo un'area di reclutamento per la criminalità, ma che si può trasformare da problema di ordine pubblico, in una preoccupante questione di sicurezza nazionale che può compromettere la stabilità e la credibilità delle Istituzioni democratiche.

Il rischio della secessione del Nord

La crisi pandemica accentuerà sicuramente i divari territoriali, fino al punto che le aree più sviluppate – che coincidono con quelle più colpite dalla pandemia – potrebbero presto essere tentate di riprendere l'idea di un'autonomia più accentuata rispetto al Sud. Tendenza che si aggiunge alla percezione dell'Unione Europea, in questo momento considerata ostile rispetto alle necessità nazionali. Infatti, gli italiani sembrano accarezzare una Italexit: secondo SWG solo il 27% "ha fiducia" nell'Europa e secondo Euromedia Research l'Unione Europea così com'è "non ha più senso" per il 59% degli intervistati. Tale crisi, inoltre, sta facendo emergere la necessità di un riequilibrio dei poteri tra Stato e Regioni. A prescindere dai risultati che si stanno ottenendo in questo momento in Veneto, va rilevato che il 70% dei bilanci regionali sono collegati alla sanità e i risultati dimostrano che di fronte a uno stress non riescono a reggere neanche i sistemi più efficienti. Inoltre, le politiche che si stanno approntando potrebbero rappresentare un non ottimale spreco di risorse, poiché non si interviene sui nodi di fondo, ma esclusivamente sull'emergenza che, una volta terminata, potrebbe produrre maggiori squilibri nel diritto alla salute dei cittadini. Questo tema richiama direttamente la ridefinizione dei poteri tra Stato e Regioni che, alla luce delle evidenze, vanno nuovamente riformulati. Anche su ciò l'azione interpretativa e predittiva dell'intelligence è fondamentale.

Che fare?

Per tutelarci a livello economico e industriale occorrerebbe, nell'immediato, aggiornare la normativa del golden power, impedendo, in questa fase, la vendita delle aziende strategiche. Sebbene sia complesso, ma necessario, andrebbero create le condizioni sia per il ritorno delle attività italiane delocalizzate all'estero sia per il rientro delle sedi fiscali delle aziende. Aspetti importanti che investono le politiche industriali, del lavoro e la stessa organizzazione amministrativa e burocratica del Paese.

A livello scientifico, occorre proteggere i nostri asset nei settori dell'innovazione industriale, del farmaceutico, della ricerca universitaria, dell'intelligenza artificiale. Infine, va sottolineata l'emergenza educativa che può ulteriormente indebolirci nella competitività globale, accentuando il solco, già vasto, tra Nord e Sud. Infatti, sono milioni gli studenti, nelle scuole e nelle Università, che non hanno potuto seguire le lezioni online, a prescindere dalle effettive ricadute della trasmigrazione forzata dei processi educativi sulla Rete, stanti i limiti organizzativi, tecnologici e, soprattutto, della formazione degli insegnanti.

Sono tutti temi rilevanti e non certamente semplici ma, forse, in condizioni di emergenza, si potrebbero affrontare i nodi strutturali del Paese. In tale quadro, occorre fronteggiare una crisi che, se non ben governata, rischia di acuire sempre di più le disuguaglianze e le contraddizioni nazionali, fino a una possibile implosione sociale, politica e istituzionale. Appunto per questo, il decisore pubblico deve essere messo in condizione di attuare scelte tempestive e adeguate al fine di garantire il benessere e la sicurezza nazionali, richiedendo e utilizzando informazioni di intelligence. Quello della sicurezza nazionale è un tema che precede e consente l'esercizio di tutti gli altri diritti. Per tali motivi, in questa precisa fase storica, a mio parere, dovrebbe essere seguito da un responsabile politico esclusivamente dedicato a tale materia (sottosegretario o ministro). Al momento le funzioni sono in capo, come la legge prevede, al presidente del Consiglio, il quale ha una pluralità di settori di intervento a cui provvedere, e che, su questo lato, potrebbe non prestare la necessaria attenzione.

Conclusioni

In definitiva, il coronavirus sembra far emergere tutti i nodi irrisolti degli ultimi decenni del nostro Paese. Occorrerebbe, pertanto, una strategia ampia che abbia come riferimento la sicurezza e l'interesse nazionale. Compito, appunto, delle Istituzioni politiche e burocratiche, attualmente fiaccate da una selezione che, probabilmente, non sta facendo emergere i migliori.

Il Governo è tenuto a decidere (e lo sta facendo, tra qualche fondata polemica); il Parlamento dimostra una funzione principalmente formale (ne è testimonianza che chi lo rappresenta è individuato con meccanismi elettorali assai discutibili); le regole costituzionali rimangono sulla carta (quello che incide è la loro pratica attuazione e dipende, appunto, da chi rappresenta le Istituzioni); la Comunità dell'Intelligence segue gli indirizzi della politica (pur rappresentando il deep state che prescinde dall'alternarsi delle maggioranze parlamentari).

Questo insieme di fattori e di attori richiama l'importanza fondamentale non solo dell'intelligence – in quanto capacità di interpretare i fenomeni del presente e intravedere gli scenari del futuro – ma anche della complessiva formazione e selezione delle élite, che rappresenta un aspetto cruciale della modernità, poiché la competizione globale avverrà sempre di più sull'efficienza dei sistemi di governo.

Strage di Bologna: quarant'anni di similitudine. La verità giudiziaria e i messaggi da Beirut (02/08/2020)

Assistiamo a una visione bipolare: da un lato ci sono sentenze definitive e dall'altra una ricostruzione dei fatti che potrebbe condurre radicalmente da un'altra parte.

Una sentenza definitiva della magistratura viene emanata "al di là di ogni ragionevole dubbio". Una di queste, il 23 novembre del 1995, ha individuato come esecutori della strage di Bologna del 2 agosto 1980 Giusva Fioravanti e Francesca Mambro. Gli interessati, esponenti dei Nuclei Armati Rivoluzionari, durante le fasi processuali si sono autoaccusati anche di omicidi per i quali non erano imputati ma hanno sempre negato ogni coinvolgimento nella vicenda del 1980.

Come per Piazza Fontana venne immediatamente ricercata la responsabilità anarchica, per la strage di Bologna venne subito imboccata la pista nera. All'inizio vennero coinvolti Stefano Delle Chiaie e Adriano Tilgher poi scagionati. Raccontarono la vicenda nel libro "Il meccanismo diabolico".

Negli ultimi anni, si è discusso con sempre maggiore insistenza di una responsabilità palestinese. Per la verità quella che Francesco Cossiga, all'epoca dei fatti presidente del Consiglio, più volte, direttamente e indirettamente, aveva richiamato.

Questa ricostruzione ha ripreso vigore dal 2019 quando Giacomo Pacini, in un saggio contenuto nel volume da me curato "Aldo Moro e l'intelligence", ha rivelato un documento inedito.

Si tratta di un messaggio di Stefano Giovannone, capo centro del Sismi a Beirut, in cui, il 12 maggio del 1980, evidenziava concrete minacce nei confronti del nostro Paese come possibile reazione all'arresto di esponenti palestinesi, tra cui Abu Anzeh Saleh, avvenuto nel novembre dell'anno precedente ad Ortona.

Assistiamo adesso a una visione bipolare: da un lato ci sono sentenze definitive e dall'altra una ricostruzione dei fatti che potrebbe condurre radicalmente da un'altra parte.

Quando le opinioni si equivalgono scompare la verità ci spiegava Hannah Arendt, la cui lettura è indispensabile per comprendere la società della disinformazione in cui siamo immersi.

Nel nostro Paese, in tanti fanno riferimento alle decisioni della magistratura quando confermano i rispettivi punti di vista. Avviene nel caso di Bologna ma non per la loggia P2, dichiarata un'organizzazione non eversiva, e la struttura di "Gladio", rispondente alle alleanze internazionali italiane.

La lettura della storia per come emerge nei tribunali risponde a una indispensabile forma di giustizia ma non si può sempre identificare con quanto realmente accaduto.

È praticamente impossibile leggere le migliaia di pagine dei processi per farsi un giudizio. L'opinione pubblica, come sempre, si forma con i titoli di testa o, a volte, con i titoli di coda. Quello che c'è nel mezzo è inevitabilmente un continente sconosciuto, una terra incognita, un mistero doloroso.

Anche su questa straziante vicenda, ricordata dal Capo dello Stato che tre giorni fa si è recato in raccoglimento alla stazione di Bologna, mi permetto di porre il problema.

Ancora sono aperte le ferite di quegli anni, non solo nell'accertamento di tanti episodi ma soprattutto nei meccanismi sociali di fondo che continuano ad ampliare le diseguaglianze.

Le Brigate Rosse, i cui componenti allora erano quasi tutti trentenni, nelle risoluzioni strategiche del 1977 parlavano di Stati Imperialisti delle Multinazionali. Oggi ci siamo arrivati.

Servizi segreti ma riforme trasparenti: oltre le polemiche (05/08/2020)

Non è un mistero che nei decreti di emergenza si inseriscano le norme più disparate, ma non era mai successo con una materia come l'intelligence, che va maneggiata con estrema cura, e in raccordo con il Parlamento.

L'intelligence è una materia incandescente, da maneggiare con cura.

Abbiamo già osservato che dopo il 2008 le classi dirigenti abbiano gestito la devastante crisi economica come un'opportunità per loro stessi e non come un problema della collettività.

Il rischio di non perseguire il bene comune viene oggi evidenziato in occasione del decreto legge sull'emergenza che contiene una norma sulle modalità di proroga della durata dei direttori dei Servizi.

La legge 124/2007 prevede che l'incarico possa durare al massimo quattro anni, attraverso una sola eventuale proroga.

Cosa c'entra, allora, occuparsi dei vertici dell'intelligence nel decreto sull'emergenza coronavirus?

Non è la prima volta, né sarà l'ultima, in cui le norme più disparate vengono inserite in contesti assolutamente estranei, poiché lo fanno da decenni tutte le maggioranze politiche.

Però questa è la prima volta che riguarda l'intelligence, che non è una materia qualsiasi, perché rappresenta il cuore vero della Repubblica.

Non a caso appena tre giorni fa abbiamo ricordato una strage in cui i Servizi sono stati insistentemente evocati.

È, quindi, il caso di occuparsi dei vertici dell'intelligence in un provvedimento sull'emergenza? Ed è proprio necessario farlo in tale contesto?

Senza coinvolgere in qualche modo il COPASIR e il CISR come sembrerebbe essere avvenuto?

Va rilevato che le leggi sui Servizi, la prima del 1977 e la seconda del 2007, sono state approvate con ampie maggioranze, perché è un argomento che non può essere divisivo.

Peraltro, secondo me, la funzione dell'intelligence sarà decisiva nei prossimi mesi quando il disagio sociale potrebbe superare i livelli di guardia, mettendo in discussione la stessa stabilità delle istituzioni democratiche.

Quindi le scelte che riguardano questo settore devono avere il massimo della credibilità e del consenso, senza essere indebolite da polemiche politiche.

I Servizi sono un argomento tremendamente serio e richiedono la massima condivisione istituzionale.

È sensato sostenere che occorra stabilità nel lavoro dell'intelligence perché rappresentano la necessaria continuità dello Stato a prescindere dalle cangianti maggioranze politiche.

Ma un'iniziativa del genere proposta senza dibattito, senza coinvolgimento politico serve al Paese, a chi l'ha proposta e a chi potrebbe beneficiarne?

Molte sono ancora le questioni aperte. Ieri sera il premier Conte ha invocato in televisione riforme strutturali, proprio quelle che dovrebbe fare il governo da lui presieduto.

A proposito dei Servizi, le riforme strutturali potrebbero riguardare gli strumenti ulteriori per garantire la sicurezza cibernetica e applicare il golden power per difendere l'economia italiana dagli interessi stranieri e dalle mafie.

Inoltre, facendo in modo che gli agenti italiani operino fuori dalla capitale e all'estero e che la selezione degli operatori non sia concentrata nel circuito prevalente delle forze di polizia.

Occorre essere intellettualmente onesti, nella consapevolezza che oggi è assai difficile percepire la realtà, essendo immersi nella società della disinformazione dove confondiamo la realtà con gli annunci e la politica con l'intelligenza artificiale.

Sorpresa, il prof. Caligiuri vota per il taglio dei parlamentari. E spiega perché (11/08/2020)

Dalla qualità (scaduta) della rappresentanza al rapporto con il territorio, ecco nove ragioni per votare sì al referendum sul taglio dei parlamentari

---

I punti di vista favorevoli o contrari alla riduzione di deputati e senatori sono entrambi legittimi e meritevoli di approfondimenti non superficiali.

Su Formiche.net Roberto Arditti ha affrontato l'argomento ricordando le tesi di chi sostiene che il taglio determini l'inefficienza nei lavori parlamentari; l'impoverimento della pluralità politica e quindi della rappresentanza democratica; risibili risparmi per il bilancio dello Stato.

Ha poi argomentato che le aspettative dei cittadini si siano spostate sull'elezione diretta del sindaco e del presidente della Regione; che sul territorio i partiti siano di fatto inesistenti; che la rivoluzione tecnologica richieda necessariamente una diminuzione della forza-lavoro di Camera e Senato.

Ad Arditti, ha risposto Stefano Vespa argomentando, anch'egli fondatamente, che sindaci e consiglieri regionali non possono sostituire il potere legislativo; che attiene proprio ai partiti il compito di creare una classe dirigente; che la soluzione dei problemi ha bisogno di contatti umani e non di algoritmi.

Cerco di offrire il mio contributo dicendo subito che, secondo me, non ci sono alternative alla riduzione. Le ragioni mi sembrano innumerevoli e provo ad elencarle in modo schematico:

1. La produzione legislativa attuale è costituita quasi al 70% dal recepimento delle normative europee mentre meno del 20% dei provvedimenti è di iniziativa di deputati e senatori.
2. Il ruolo dei parlamentari, marginale anche prima del 1994, oggi è ancora più residuale nella formazione del testo legislativo, affidato a volte a qualche indirizzo di partito, tanto alla mediazione delle lobby e molto alle tecniche degli uffici giuridici.
3. I compiti sono stati stabiliti nel contesto politico, storico e culturale di oltre 70 anni fa, plurisuperato.
4. La quantità dei rappresentanti del popolo è, in genere, superiore alla media europea. Infatti, in Germania (83 milioni di abitanti), il Bundestag ha 709 rappresentanti; in Francia (67 milioni) il Senato ha 348 membri e l'Assemblea Nazionale 577; nel Regno Unito (67 milioni) la Camera dei Comuni ha 650 componenti a cui si aggiunge – ma è ereditaria o per nomina – la Camera dei Lords (773 + 22); in Spagna (47 milioni) la Camera ha 350 membri e il Senato 265. L'Italia (60 milioni) ha 630 deputati e 315 senatori più, attualmente, 6 a vita. Con la riforma diventerebbero 400 alla Camera e 200 al Senato, più in linea con il resto d'Europa.
5. Le competenze degli eletti si potrebbero desumere da due indicatori: il titolo di studio e la conoscenza culturale. Nel 1948 i laureati alla Camera erano il 91.4% mentre nel 2018 sono il 69.21%, a fronte dell'aumentato grado di istruzione in questo lungo arco di tempo. Le qualità culturali vengono evidenziate, al di là di ogni ragionevole dubbio, nelle dichiarazioni rilasciate

sciate ai media oppure documentate in trasmissioni come le "Iene". Non sono rari gli esempi di ministri che hanno comunicato titoli di studio non corrispondenti al vero oppure accusati di avere prodotto tesi di dottorato non originali. Nei Paesi di cui al punto precedente, sospetti del genere hanno dato adito a dimissioni immediate.

6. La qualità della rappresentanza emerge anche dal loro impiego nell'esecutivo. Elemento considerato trascurabile ma solare. Nel governo precedente a questo, il presidente del Consiglio e i ministri degli Esteri, dell'Economia, della Difesa cioè posizioni chiave dello Stato erano tutte ricoperte da esponenti individuati fuori dal Parlamento. Lo stesso attuale presidente della Repubblica, e non è la prima volta, non era all'epoca della elezione un eletto.
7. I metodi di selezione sono un fattore centrale. Dal 1991 si è registrata una progressiva riduzione della possibilità di espressione dei cittadini, giungendo alle liste bloccate, dove i partiti già individuano in partenza gran parte degli eletti. È un sistema talmente affidato in esclusiva alle segreterie di partito tanto che nel giugno del 2018 Beppe Grillo, a ridosso del trionfo dei 5 stelle, ha proposto di individuare gli eletti per sorteggio, come nell'antica Grecia. Infatti, se scelti con le regole attuali, davvero "uno vale uno".
8. Un tema costantemente eluso, ma che andrebbe seriamente approfondito, è il rapporto che esiste tra abbandono dei territori da parte della politica nazionale e penetrazione criminale nei comuni, aumentata esponenzialmente nell'ultimo quarto di secolo.
9. I costi sono fondamentali. Rispetto al bilancio dello Stato incidono poco (80 milioni, pari allo 0,007%) ma contano enormemente per riavvicinare la politica ai cittadini. Non per nulla, i costi della democrazia ita-

liana non corrispondono a nessuna utilità sociale, nessuna ragionevolezza e nessun confronto con il resto del mondo. Anzitutto, sono proprio le altissime retribuzioni che determinano l'individuazione di una classe politica inadeguata, che ha come principale obiettivo il mantenimento di queste rendite.

Classe politica che, per evidenti ragioni di opportunità, determina a sua volta gli emolumenti delle categorie più prossime: dai grand commis dello Stato agli uscieri dei Palazzi del Potere, dai magistrati agli alti gradi dell'esercito e delle forze di polizia.

In questo modo si anestetizza il sistema, rendendo impossibili cambiamenti strutturali, per quanto molto complessi nei regimi democratici. Ritengo, pertanto, che attraverso le corresponsioni economiche si basi nel nostro Paese l'autentico equilibrio dei poteri, per come individuato da Montesquieu nel Settecento.

Inoltre, ogni riduzione dei costi nelle organizzazioni comporta l'ottimizzazione delle risorse. Marcello Altamura ha, invece, dimostrato che da quando è esplosa la polemica sulla "casta" nel 2007, la situazione è rimasta inalterata e, in molti casi, addirittura rafforzata. Infatti, sono stati prodotti esclusivamente provvedimenti dimostrativi.

In autunno un disagio sociale devastante potrebbe compromettere la stabilità delle istituzioni democratiche, per cui la riduzione degli stipendi degli eletti potrebbe rispondere non tanto a un obbligo morale ma a una necessità sociale. Non a caso in Australia e Giappone, Bulgaria e Grecia i rappresentanti del popolo si sono già da mesi ridotti lo stipendio. In Italia, lo ha annunciato Luigi Di Maio ma non è stato ripreso da nessuno e lui stesso non è più ritornato sull'argomento.

Sulla base di queste considerazioni invocare l'efficienza parlamentare e la rappresentanza territoriale significa fare riferimento a sacri principi che purtroppo non trovano alcuna corrispondenza nella realtà.

Pertanto, il referendum che prevede la riduzione degli eletti potrebbe costituire un'occasione per sceglierli meglio, essendo di meno.

Nel luglio 2018 Davide Casaleggio ha considerato "inevitabile" il superamento della democrazia rappresentativa, poiché le forme di partecipazione diretta potrebbero risultare più immediate nella società digitale che va costantemente dematerializzandosi.

Adesso, i luoghi del potere, dove si decide l'organizzazione sociale, possono perfettamente non essere fisici, limitando costi sempre più insostenibili comparati ai risultati. Ma i rappresentanti devono essere però assolutamente in carne e ossa, per cui si evidenzia la necessità di individuare rappresentanti di qualità. Perché questo è il tema centrale.

C'è bisogno allora di proposte coraggiose e inedite. Non sono in grado di valutare le conseguenze della reintroduzione delle preferenze multiple ma sono davanti agli occhi di tutti gli svantaggi delle liste bloccate, che non selezionano né i migliori né persone con eccessive competenze. E soprattutto non sono in grado di contrastare le infiltrazioni delle forze finanziarie fuori controllo e delle organizzazioni criminali.

Nella competizione politica globale del XXI secolo non possiamo permetterci una classe politica nazionale che si improvvisi nei ruoli di ministro o di sottosegretario.

Per ora, sarebbe un successo ridurre il numero degli eletti, che di fatto sono in buona parte nominati. È vero che l'approvazione del referendum da sola non significa nulla ma certo non potrà peggiorare la situazione e porterà squilibri salutari negli odierni assetti di potere nei partiti e in Parlamento, costringendo prima di tutto a porre mano a una nuova legge elettorale.

Non ci vuole la Sibilla cumana o etiope o somala per

capire che, nell'eventualità, i parlamentari cercheranno principalmente di tutelare loro stessi poiché non esistono nella storia esempi di burocrazie che si siano autoriformate da sole.

Il tema è questo: se le forze del capitale finanziario hanno un reale interesse ad avere in Italia istituzioni politiche un po' più efficienti potrebbero orientare il sistema mediatico ed economico per influenzare l'opinione pubblica verso scelte che le rafforzino.

Da Tangentopoli in poi, specialmente l'abolizione dell'immunità parlamentare e la legge Severino hanno irrigidito la selezione politica attorno a partiti quasi sempre personali trasformati in comitati elettorali, sganciati dagli effettivi interessi dei cittadini.

Non sono tante le occasioni per cercare di aspirare a un sistema meno diseguale e maggiormente rappresentativo. Il referendum forse potrebbe non farci rassegnare a un declino che sembra segnato poiché il mio punto di vista è che la crisi della democrazia sia essenzialmente la conseguenza della inadeguatezza della sua rappresentanza.

In definitiva, il referendum potrebbe costituire una piccola opportunità per tentare la difficile ricostruzione della democrazia in Italia. Una possibilità altamente improbabile ma necessariamente da perseguire. D'altronde, nei prossimi anni, non ne avremo altre.

Francesco Cossiga o della necessità di uomini di Stato (16/08/2020)

Ricordare Francesco Cossiga a dieci anni dalla sua scomparsa non significa custodire il passato ma illuminare il futuro. Ed è bene farlo per coltivare l'infaticabile dovere della memoria, essendo schiacciati nell'eterno presente digitale, che fa rimanere tutto in superficie.

I regimi democratici sono messi in crisi dalla globalizzazione che richiede classi dirigenti in grado di assumere decisioni veloci. Il 1989 ha determinato se non "la fine della storia" certamente "la fine di una storia". Infatti, oggi si evidenziano problemi inediti per i sistemi politici, con la crisi della democrazia che potrebbe identificarsi nella inadeguatezza della rappresentanza. A ridosso del trionfo elettorale dei 5 Stelle, Davide Casaleggio ha considerato "inevitabile" la decadenza dei parlamenti poiché superati dalle tecnologie. Il dibattito è delicatissimo e va necessariamente affrontato.

La democrazia si basa su due elementi fondamentali: la consapevolezza dei cittadini (che individuano, controllano e sostituiscono i propri rappresentanti), e la responsabilità delle élite pubbliche (che operano per conseguire prevalentemente l'interesse generale). In assenza di questi due presupposti, la democrazia diventa una semplice procedura elettorale, che, come il sonno della ragione, "genera mostri", poiché seleziona classi dirigenti improvvisate.

Diceva il Cardinale Carlo Maria Martini: "Per fare politica non occorre nessuna preparazione specifica: i risultati sono di conseguenza".

Per chi opera in politica, quindi, sono necessarie preparazione culturale e competenze reali. Le dinamiche della globalizzazione rendono asimmetrico lo scontro tra poteri legali e organizzazioni finanziarie e criminali. Pertanto c'è bisogno di uomini di Stato che tutelino l'interesse nazionale, che significa perseguire il benessere e la sicurezza della collettività, difendere l'identità, valorizzare le risorse in Italia e all'estero. Le interferenze internazionali hanno scandito la storia unitaria del nostro Paese. La spedizione dei Mille venne finanziata dalla Gran Bretagna, con la quale ci schierammo nella prima guerra mondiale, dopo avere inizialmente aderito nel 1882 a fianco dell'impero Austro-ungarico e della Germania. Il fascismo fu una rivendicazione dell'identità nazionale e l'intesa con il Reich risultò rovinosa. Nel secondo dopoguerra entrammo nel blocco atlantico e dopo nell'Unione Europea. Nella globalizzazione i legami politici si sono allentati in quanto prevalgono gli interessi economici in un mondo sempre più fuori controllo, con nuovi protagonisti come la Cina.

Della passione politica

Francesco Cossiga è stato un protagonista sia della I che della II Repubblica, rappresentando quasi una cerniera tra due epoche politiche, dove si è passati dalla Repubblica dei Partiti alla Repubblica dei movimenti politici personali. In questo nuovo scenario il senso delle istituzioni non può che appannarsi, rendendo sempre più difficile il perseguimento dell'interesse nazionale.

Francesco Cossiga nasce a Sassari il 26 luglio 1928, si diploma al classico a 16 anni, si laurea in giurisprudenza a

20 anni, diventando prima libero docente di diritto pubblico e poi professore di diritto costituzionale regionale all'Università di Sassari. Da giovanissimo aderisce alla Dc e capeggia la rivolta dei "giovani turchi" che il 19 marzo 1956 conquista inaspettatamente il partito della sua provincia, sconfiggendo Antonio Segni, uno dei leader nazionali dello scudo crociato. Nel 1958 è deputato e nel 1966 sottosegretario alla Difesa nel III governo guidato da Aldo Moro, che ne apprezza le doti e lo valorizza. Nell'occasione si occupa del Piano Solo e della trasformazione del SIFAR in SID.

Nel 1974 diventa ministro dell'Organizzazione Pubblica nel IV governo Moro e nel 1976 ministro dell'Interno nel V governo Moro, sostituendo l'incolpevole Luigi Gui travolto dallo scandalo Lockheed.

Da ministro dell'Interno deve affrontare il terremoto del Friuli e soprattutto la recrudescenza del terrorismo che tocca il punto più alto in quei 55 giorni più tristi della Repubblica che intercorrono tra il rapimento e l'assassinio di Aldo Moro avvenuto il 9 maggio 1978. Due giorni dopo Cossiga si dimette.

Nell'agosto 1979 diventa presidente del Consiglio alla guida di un governo composto da Dc, Pli e Psdi e poi dall'aprile 1980 dirige un secondo esecutivo con Dc, Psi e Pri. In questo periodo presiede il semestre europeo e decide l'installazione dei missili Cruise a Comiso. Sempre in questa fase si verificano la tragedia di Ustica (27 giugno 1980) e la strage di Bologna (2 agosto 1980). Viene richiesto dal Pci lo stato di accusa contro di lui, accusato di avere rivelato al ministro Carlo Donat Cattin che suo figlio Marco era ricercato come terrorista. A fine settembre del 1980, il suo governo cade – con 298 voti contrari e 297 a favore – a causa della mancata approvazione di un pacchetto economico che consentiva l'accordo con la casa automobilistica Nissan per rilevare l'Alfa Romeo, provvedimento fortemente avversato dalla Fiat.

Nel 1983 diventa presidente del Senato al primo scrutinio con 280 voti su 315 votanti.

Il 24 giugno del 1985 succede a Sandro Pertini come Capo dello Stato, eletto alla prima votazione con 752 voti su 977 votanti. A cinquantasette anni è il presidente della Repubblica più giovane del nostro Paese. È l'ottavo Capo dello Stato, il quinto proveniente dall'ex Regno di Sardegna, dopo Einaudi, Segni, Saragat e Pertini. Durante il suo mandato, il 9 novembre 1989 crolla il muro di Berlino che provoca una trasformazione profonda nella politica mondiale. Da allora "guardò oltre il muro" passando da una funzione prevalentemente notarile a quella di "picconatore" del sistema politico.

Nel 1991 pronuncia tre interventi a braccio alle feste della Polizia di Stato (4 aprile), dell'Arma dei Carabinieri (4 giugno) e della Guardia di Finanza (21 giugno) in cui traccia le linee delle riforme istituzionali che verranno presto formalizzate. Infatti, il 26 giugno 1991 invia un messaggio alle Camere. Dopo avere esaminato le modalità di trasmissione, il Parlamento lo discusse il 23, 24 e 25 luglio successivi. Per Paolo Savona e Pasquale Chessa si è trattato di una "grande riforma mancata".

Il presidente agiva in solitudine, tanto che quell'anno Paolo Guzzanti pubblica il libro "Cossiga uomo solo". Dirà successivamente Luciano Violante: "Nessuno lo seguì e i partiti crollarono come lui aveva previsto". Insieme alle polemiche sulle "picconate" esplode il caso Gladio e il presidente conferma la legittimità dell'organizzazione. Viene messo per la seconda volta in stato di accusa, sempre su iniziativa del Pci, da qualche mese Pds. Il 25 aprile del 1992 si dimette da Capo dello Stato con oltre due mesi di anticipo.

Della seconda Repubblica

Da senatore a vita affronta la fine della I Repubblica e

la nascita della II. Sono gli anni incandescenti che vanno dal 1992 al 1994, segnati dagli omicidi di Giovanni Falcone e Paolo Borsellino, da tangentopoli e dalla dismissione delle partecipazioni statali. Nella XIII legislatura, avviata nel 1996, determina una svolta politica decisiva. Nel febbraio 1998 fonda l'Udr con Rocco Buttiglione e Clemente Mastella. Nell'ottobre successivo Romano Prodi viene sfiduciato per un voto e l'Udr è determinante per eleggere per la prima volta a capo del governo un ex comunista, Massimo D'Alema, rendendo compiuta la democrazia italiana.

Chiusa questa esperienza, Cossiga ha una seconda giovinezza. Scrive libri in cui esprime il suo punto di vista sul passato e sul presente, prosegue l'impegno pubblico sotto l'aspetto culturale, si impegna nell'attività parlamentare per salvaguardare il ruolo delle istituzioni, si adopera per diffondere la cultura dell'intelligence nel Paese. Pubblica una serie di volumi: nel 2000 "La passione e la politica" (con Piero Testoni), nel 2003 "Discorsi sulla giustizia", nel 2005 "Per carità di patria. Dodici anni di storia e politica italiana 1992-2004" (con Pasquale Chessa), nel 2007 "Italiani sono sempre gli altri. Controstoria d'Italia da Cavour a Berlusconi" (con Pasquale Chessa), nel 2007 "L'uomo che non c'è" e nel 2009 "Novissime Picconate (interviste a Claudio Sabelli Fioretti)". Nel 2009 "La versione di K" (con Marco De Marco) e nel 2010 "Fotti il potere" (con Andrea Cangini). In quest'ultimo libro sostiene che nei prossimi anni criminalità, economia e politica potrebbero diventare indistinguibili.

Nel frattempo aveva collaborato con Libero firmando con il nom de plume di Franco Mauri. Raccoglie gli articoli nel 2002 nel libro "Corsivi di un ragazzo di Paese". Scrive anche su Il Riformista con lo pseudonimo invertito di Mauro Franchi.

Dell'intelligence

Il 4 luglio 2001 presenta al Senato una proposta di riforma della legge sui Servizi approvata nel 1977, quando era ministro dell'Interno. L'anno dopo pubblica "Abecedario per principianti, politici e militari, civili e gente comune". Lo firma aggiungendo l'aggettivo di "dilettante", per spiegare di averlo scritto "per diletto". Invece sul tema era molto competente, tanto che un Servizio estero di tutto rispetto gli aveva assegnato il nome in codice "Cesare".

Nel 2007 sollecita l'avvio del primo Master in intelligence di un ateneo pubblico italiano presso il Campus di Arcavacata in Calabria. Intervenendo nella giornata inaugurale del 15 settembre 2007 sostiene che la vicenda della P2 fosse stata un'azione di disinformatia del KGB. Nel 2008 assume l'incarico di presidente onorario del Laboratorio sull'Intelligence dell'Università della Calabria, pure questo primo nel nostro Paese.

Del futuro della democrazia

La linea costante che emerge nell'attività politica di Francesco Cossiga è la difesa dell'interesse nazionale, che per essere perseguita ha bisogno di rappresentanti con il senso dello Stato, chiamati a svolgere funzioni istituzionali dopo avere maturato una serie di competenze.

È un messaggio per tutti noi ma soprattutto per le giovani generazioni. Infatti, nelle dimissioni da presidente della Repubblica ricordava: "Ai giovani voglio dire di amare la Patria, di onorare la Nazione, di servire la Repubblica, di credere nella libertà e di credere nel nostro Paese".

È un invito ad affidarsi alla democrazia quanto mai attuale, perché la democrazia non è solo la meno imperfetta forma

forma di governo, ma anche la meno imperfetta forma di giustizia sociale. E non a caso Cossiga sosteneva che "Questa è la ricetta democratica: spegnere la fiamma prima che divampi l'incendio". Praticamente ci sta mettendo in guardia su quanto potrebbe presto accadere.

Intelligence, cosa (non) insegna la bagarre in Parlamento.
(01/09/2020)

L'emendamento Dieni sull'intelligence è una prova di maturità democratica. Ma la bagarre politica è un triste spettacolo da cui dovremmo tenere lontano chi pensa alla nostra sicurezza.

Potrebbe essere considerata una prova di grande maturità democratica la presentazione dell'emendamento che alcuni deputati di maggioranza appartenenti ai Cinque Stelle, guidati non da un parlamentare qualsiasi ma dal segretario del Copasir Federica Dieni, hanno presentato in merito alle procedure relative alla durata dei vertici dell'intelligence.

Una materia del genere prima di tutto va maneggiata con cura e non può essere inserita in modo affrettato all'interno di un provvedimento omnibus, anche se i tempi dettati dal coronavirus non sono certo quelli ordinari. Si può ritenere meno positiva la circostanza che questo tema diventi materia di polemica politica, oppure di definizioni di rapporti di forza all'interno e all'esterno degli schieramenti.

In ogni caso, la Camera dovrà esprimersi entro stanotte, quando verrà posta la questione di fiducia, decisione che ha già suscitato un'ampia bagarre. In ogni caso, resta saldamente in piedi la questione: le regole sull'intelligence devono essere largamente condivise. Pertanto, quello che sta accadendo in queste ore frenetiche potrebbe essere un'occasione per affrontare necessariamente tra non molto in Parlamento i temi che riguardano gli urgenti e insostituibili compiti dell'intelligence.

Non so quanto e in che modo le risorse finanziarie dell'Unione Europea riusciranno a incidere su una crisi economica che da qui a pochi mesi rischia di essere fuori controllo. In ogni caso, occorre un'intelligence nella pienezza delle sue funzioni e della sua credibilità per anticipare gli ambiti, le categorie e i territori del disagio sociale, l'ulteriore massiccia invadenza delle mafie nell'infiacchito tessuto economico e il pericolo dello shopping delle aziende strategiche da parte delle multinazionali e dei fondi sovrani stranieri.

Abbiamo già tantissimi e gravi problemi a cui fare fronte. In qualunque caso, l'argomento dell'intelligence è giustamente delicato. E il cuore dello Stato va preservato oggi più che mai.

Intelligence e coronavirus
(Libex. Rivista del Centro Euro-Mediterraneo, 01/09/2020)

In questo secolo gli eventi che hanno cambiato e stanno cambiando l'evolversi del mondo sono stati l'11 settembre 2001 e il coronavirus nel 2020. Nel primo caso si parlò di fallimento internazionale dell'intelligence. Infatti, le informazioni c'erano tutte, in quanto erano state raccolte ma vennero analizzate solo dopo l'evento. Tale circostanza ha messo a nudo i limiti dell'intelligence cibernetica che è in grado di raccogliere innumerevoli informazioni ma non di interpretarle in tempo. Fenomeno che, con la dismisura del web, si è ulteriormente accentuato. Per il coronavirus invece, nel 2008, in una pubblicazione del National Intelligence Council statunitense (Global Trends 2025: A Transformed World), il rischio di una pandemia era considerato più che probabile. Pertanto, l'intelligence aveva messo in conto questa possibilità.

Successivamente Bill Gates e Hans Rosling avevano sviluppato tale previsione. Il fondatore di Microsoft intervenendo nel TED Talks nel marzo 2015 a Vancouver disse: "Se qualcosa ucciderà 10 milioni di persone nei prossimi decenni sarà più probabile che sia un virus altamente contagioso piuttosto che una guerra. Non missili ma microbi. In parte il motivo è che abbiamo investito cifre enormi in deterrenti nucleari ma abbiamo investito pochissimo in un sistema che possa fermare una epidemia. Non siamo pronti per la prossima epidemia". Rosling, medico e statistico svedese, scomparso nel 2017, aveva previsto che tra i cinque rischi globali di cui dovremmo preoccuparci il primo era certamente quello di una pandemia globale, seguita dal crac finanziario, dalla guerra mondiale, dal cambiamento climatico e dalla povertà estrema, in quanto ciascuno di questi fattori ha la capacità di provocare, direttamente o indirettamente, sofferenze indicibili, interrompendo i progressi umani per anni o per decenni. Precisava: "se falliamo qui, nient'altro funzionerà". Definiva questi rischi "mega-killer". Sulla pandemia, scrive nel suo libro postumo "Factfulness": "I veri esperti di malattie infettive concordano che un nuovo resistente tipo di influenza è ancora la minaccia più sinistra per la salute globale (...). Una malattia trasportata dall'aria come l'influenza, con la capacità di diffondersi molto rapidamente, è ancora più pericolosa per l'umanità di patologie come Ebola o l'Aids. In parole povere, vale la pena fare qualunque sforzo per proteggerci in ogni modo da un virus che è altamente trasmissibile e che ignora ogni genere di difesa".

Secondo l'ex-analista della CIA, Robert D. Steele, una buona Intelligence non serve in presenza di una cattiva politica. Infatti, le priorità dei governanti mondiali, che orientano l'attività della raccolta informativa delle rispettive intelligence, non erano certo indirizzate verso le pandemie. Va evidenziato che è la prima volta che una vicenda di questa dimensione si verifica in un mondo globalizzato e interconnesso. Le agenzie di intelligence potevano essere preparate per situazioni quali il bioterrorismo, ma non certo sulla diffusione dei virus. Si è fatta trovare impreparata anche la Cina, dalla quale è partito il coronavirus, così come negli anni precedenti le altre epidemie, dalla SARS alla aviaria. Piuttosto, l'intelligence oggi può essere protagonista del post-pandemia.

A riguardo, la Società Italiana di Intelligence ha prodotto una ricerca sull'impatto del coronavirus fino a metà 2021, in cui ha evidenziato come conseguenza più grave il disagio sociale, al seguito della severa crisi economica che investirà tutto il pianeta, con il nostro Paese che potrà essere tra quelli maggiormente colpiti. Nei prossimi mesi si possono prevedere una maggiore invadenza della criminalità nell'economia, spinte autonomiste delle regioni del Nord e la tendenza delle classi dirigenti a rafforzare il proprio potere in tempi di crisi.

Caso Zhenhua, così fan tutti (anche in Cina).
(15/09/2020)

La raccolta di dati Open source è una prassi ordinaria nelle società digitali, nota a qualsiasi azienda del mondo tech. Il problema è capire se finiscono in mano a una democrazia o a un regime autoritario. Il caso Zhenhua

Alla fine degli anni Novanta, Robert David Steele ci aveva avvisati: "La gran parte delle informazioni non solo non sono segrete ma non si possono neanche mantenere tali". E ancora non c'era l'esplosione planetaria di internet, con WikiLeaks, Snowden, Cambridge Analytica, social credit system, darkweb e tanto altro.

Nella società della sorveglianza la privacy di fatto non esiste. Lo sanno bene le aziende così come lo sanno bene i governi. La vicenda Zhenhua descrive l'ovvio di questo tempo: "Le volenterose vittime di internet" vengono profilate con gli stessi dati che essi inseriscono sul web.

Filosoficamente potrebbe considerarsi come "un'eterogenesi dei fini", per descrivere gli effetti non intenzionali dei comportamenti umani. Nel caso specifico, sarebbe utile studiare sotto quali aspetti i 4.544 italiani monitorati da Zhenhua possano essere considerati interessanti dall'azienda cinese e quindi dal rispettivo governo. E va sottolineato che tra questi italiani "notevoli" ci sono anche le famiglie di mafia, indicatore più che preoccupante per svariate ragioni.

I cinesi fanno targeting? E perché? E chi sono coloro i quali non compaiono? Materiale di studio per la nostra intelligence.

Com'è noto, la gran parte delle informazioni di interesse dell'intelligence proviene da fonti aperte e quindi il valore aggiunto è dato dall'integrazione con le fonti chiuse e quelle grigie ma soprattutto dalla capacità di analisi e ancor di più dall'utilizzo tempestivo e adeguato di queste informazioni da parte dell'autorità politica.

Dal mio punto di vista ci sono alcune questioni che andrebbero evidenziate. La prima è la necessità di sapere raccogliere e utilizzare le informazioni per la sicurezza in un mondo globale dove tutti i Paesi sono inevitabilmente sempre più concorrenti.

La seconda è che i conflitti più cruenti sono quelli dell'informazione, con il corollario della guerra psicologica.

La terza questione è l'eticità che viene richiamata nella raccolta dei dati che, al pari della privacy, è inesistente: in un mondo senza regole come questo l'eticità è solo una parola annunciata che trova pochissimi riscontri dell'operato di Stati ed aziende.

Infine c'è l'aspetto principale rappresentato dal rapporto tra potere economico e potere politico. Nelle democrazie, l'economia detta l'agenda alla politica, negli altri Paesi è il contrario. Da questa considerazione discende che in un mondo globalizzato – che richiede decisioni veloci e dove metà della popolazione mondiale è collegata a internet – il ruolo delle multinazionali e dell'efficienza dei sistemi di governo farà inevitabilmente la differenza.

In Cina, al pari della Russia o dei Paesi islamici, la politica orienta l'azione delle multinazionali in funzione del benessere nazionale, ottenuto con i metodi che conosciamo.

In questo scontro, che sarà sempre più senza quartiere, si pone il tema decisivo dell'efficienza dei regimi democratici, indeboliti da una rappresentanza inadeguata che gradatamente sta dando forza ai sistemi politici non democratici, alle multinazionali finanziarie e a quelle del crimine. Questo, secondo me, insegna la vicenda Zhenhua, che non sarà certamente l'ultima della serie.

Bene ha fatto il Copasir a chiedere immediatamente informazioni di dettaglio all'intelligence nazionale. La questione non attiene solo alla dimensione della sicurezza ma investe le istituzioni e la politica ai suoi livelli più alti. Dopo l'ordalia elettorale di regionali e referendum sarà il tempo della consapevolezza e della responsabilità. Speriamo.

Le scuole andavano riaperte? Si allargheranno i divari sociali e territoriali
(Il Quotidiano del Sud, 25/09/2020)

Il Governo ha deciso di riaprire le scuole ma probabilmente non è la decisione più saggia. Secondo me, sarebbe cambiato poco se fino al termine del 2020, cioè fino al probabile arrivo del vaccino, le lezioni si fossero svolte da remoto.

Non ne avrebbero certamente risentito le attuali competenze dei nostri concittadini: il 75% non sa interpretare una semplice frase in italiano, il 27% è analfabeta funzionale e nelle classifiche internazionali combattiamo per conquistare gli ultimi posti nelle abilità di base. Adesso ci siamo superati: abbiamo concentrato la discussione sulla distanza sociale e sui banchi a rotelle. Su cosa e come insegnare neanche a parlarne. D'altronde non ci si può aspettare molto da chi viene catapultato nelle istituzioni dall'oggi al domani per occuparsi della cosa pubblica. Infatti, da un quarto di secolo per fare politica in Italia non occorre nessuna preparazione specifica e i risultati sono di conseguenza.

E come per tutte le cose davanti agli occhi di tutti sono in pochi a prestarvi attenzione, grazie a un sistema mediatico che spesso rende credibile l'incredibile e tollerabile l'intollerabile. Società della disinformazione la definisco.

Questo periodo di grandi incertezze rischia di essere da tregenda e quindi va detto con chiarezza: nelle scuole probabilmente tutto accadrà tranne che insegnare.

Le responsabilità vengono coraggiosamente scaricate

sui docenti e soprattutto sui dirigenti scolastici, che si presume siano supereroi solo perché hanno superato un concorso. Da assessore regionale alla Cultura in Calabria, ho avuto a che fare con molti di loro: tranne qualche eccezione straordinaria, per tanti c'era da mettersi le mani tra i capelli.

Allora, era proprio necessario tornare nelle aule?

E quando arriverà l'influenza come si distinguerà dal Covid-19? E come si verificheranno i primi contagi si rimanderanno tutti a casa? E chi controllerà i risultati dell'attività educativa? Anche prima dell'emergenza, nelle scuole dell'obbligo sostanzialmente si promuovevano tutti e negli istituti superiori quasi.

Adesso si vuole dare per forza una parvenza di normalità all'anormalità. Auspicherei piuttosto una vasta mobilitazione di genitori e insegnanti per riflettere con attenzione sulla reale qualità dell'istruzione, specialmente al Sud e in generale per verificarne l'impatto sui figli delle famiglie di medio e basso reddito.

In questi mesi, infatti, le disuguaglianze sociali e territoriali rischiano di allargarsi ancora di più.

Pertanto, oggi più che mai, il futuro della società dipende in buona parte dall'educazione. Mi sbaglierò, e sono prontissimo a ricredermi, ma altri tre mesi di insegnamento a distanza in Italia probabilmente avrebbero potuto fare meno danni.

Taranto e la strategia cinese sui porti italiani. (30/09/2020)

A Taranto, città che vive un problema di identità, sospesa tra lavoro e salute, la Cina trova terreno fertile per dare seguito alla Via della Seta marittima. Ma lì c'è la Nato, anche con Pechino non ci sono mai pasti gratis.

La Cina guarda lontano. Se lo può permettere non essendo una democrazia basata sull'aria che tira. Dopo decenni di meditazione, l'estremo Oriente intende battere l'Occidente sul suo stesso terreno: la logica economica che prevale su qualsiasi altra e le strategie di penetrazione all'incontrario.

La Via della Seta potrebbe essere considerata come una sorta di nemesi storica contemporanea della guerra dell'Oppio. Gli Stati Uniti cercano di correre ai ripari e hanno moltissime armi a favore. Tra queste: la supremazia militare, il controllo dello stretto delle Malacche, le più grandi multinazionali finanziarie del globo, le agenzie di rating, i giganti del web, il mainstream globale con i contenuti giornalistici, cinematografici e televisivi, e per finire l'influenza dei premi Nobel, delle proprie università e della propria intelligence.

Dopo il crollo del muro, gli equilibri globali sono profondamente mutati e il rigido schema della guerra fredda è fortemente messo in discussione. Già allora il nostro Paese scontava diversi problemi, scanditi in quarantacinque anni dalla presenza del partito comunista più forte d'Europa, dall'essere una marca di confine con la Jugoslavia, dal rappresentare il terreno della strategia della tensione e di un devastante terrorismo politico, che ci faceva sembrare in alcuni momenti il ventre molle dell'Occidente, con Servizi segreti dell'Est e dell'Ovest che avevano solide basi operative sul nostro territorio.

Essendo l'Italia storicamente e geograficamente un luogo di confluenze diverse, la Cina, che ha una chiara visione strategica, non poteva che giungere fino a noi.

La via della Seta marittima dovrebbe presto approdare da noi e nel frattempo c'è l'insediamento a Taranto, uno dei porti più importanti del Mediterraneo insieme a quelli di Trieste e di Genova, dove non a caso si è concentrato l'interesse cinese.

Città che vive un brutale problema di identità, nello scegliere tra lavoro e salute, con interventi governativi e legislativi non sempre felici ed efficaci, Taranto sta sperimentando l'arrivo dei cinesi nel proprio porto, dove cinquemila addetti su 8.200 sono in cassa integrazione.

Da questo intervento si attende benessere e in un Paese che rischia di perdere con il coronavirus il 10% del PIL non è una circostanza irrilevante. Ma dato che, come insegna Milton Friedman, nessun pasto è gratis, i cinesi vengono per guadagnare o almeno per osservare.

A Taranto infatti c'è la base Nato che controlla una parte rilevante del Mare Mediterraneo. È proprio in questo quadro che va inquadrata la visita in Italia dell'attuale segretario di Stato Mike Pompeo, già direttore della Cia nel 2017 e 2018, per affrontare con il governo la presenza cinese in terra di Puglia.

Ma a qualche settimana dal voto delle presidenziali americane, nonostante la questione possa essere molto seria, questa presenza rischia di essere considerata una passerella elettorale. Così non è perché, repubblicano o democratico che sia il prossimo inquilino della Casa Bianca, pone un tema di carattere generale: la politica estera e le alleanze strategiche del nostro Paese. Si tratta dunque di definire qual è il vero interesse nazionale.

Bene hanno fatto i nostri Servizi a monitorare da tempo quanto stava accadendo a Taranto ma poi occorrono le scelte politiche conseguenti. Perché l'intelligence è tenuta a informare tempestivamente e correttamente ma è l'esecutivo che deve agire con provvedimenti efficaci.

Navigare a vista può avere i propri vantaggi, ma il rischio di andare a sbattere sugli scogli è sempre molto elevato.

Responsabilità e disfattismo, cosa dobbiamo all'Italia.
(scritto con Antonino Vaccaro*, 12/10/2020)

Il sistema Italia ha gestito meglio di altri la situazione pandemia, sebbene ci siano stati anche errori. È tempo però di riconoscere i risultati ottenuti senza cadere nel disfattismo, descritto da Cossiga con la frase "Italiani sono sempre gli altri". Ecco da dove partire

È evidente che i prossimi mesi saranno assai difficili per tutto il Paese. L'impennata dei casi di contagio del Covid-19 è un fatto inevitabile, ben anticipata da tanti competenti esperti, a cui dobbiamo essere davvero grati. Di meno dovremmo esserlo alla pletora di virologi ed immunologi dell'ultim'ora, che senza base scientifica, hanno spazi televisivi sproporzionati, dando un contributo determinante alla confusione.

C'è un problema di framing, cioè di come si comprende la realtà, su cui vogliamo porre l'attenzione. Che la situazione sia serissima, c'è poco da dire. E non c'è altresì alcun dubbio che lo sforzo di responsabilità individuale e sociale sia la chiave per garantire il benessere collettivo. Su questo aspetto non possiamo fare a meno di ricordare il recente intervento del presidente della Repubblica Sergio Mattarella.

Quello su cui però occorre riflettere è la comunicazione della rappresentazione del caso nazionale. Va detto che il

---

* Antonio Vaccaro, Professore ordinario allo IESE di Barcellona

sistema Italia ha gestito meglio di altri la situazione, sebbene con discutibili scelte temporali e strategiche, come l'app Immuni e i banchi a rotelle, e decisioni controverse, quali l'attività delle discoteche e la riapertura delle scuole in condizioni così precarie.

A livello europeo, il nostro Paese ha avuto il coraggio per primo di riconoscere la gravità della pandemia e assumere la difficilissima, e finanche tardiva, decisione di imporre il lockdown. Nella prima settimana del marzo 2020, l'Italia era il "caso d'Europa". Oggi, statistiche alla mano, l'Italia è il Paese del Sud Europa dove ci sono minori contagi.

Le inefficienze e gli errori nella gestione di una situazione così complessa sono stati molti; tantissime le vittime di tali drammatiche sottovalutazioni a cui va il nostro sentito ricordo, ma è altrettanto vero che abbiamo il dovere di riconoscere la molteplicità di azioni individuali, locali e nazionali, che hanno avuto successo e che sono state svolte con coraggio, determinazione e con il sacrificio di tutto il Paese, grazie alle tante categorie professionali esposte in prima linea. Spesso sostituendosi, come non raramente accade, alle omissioni e alle assenze pubbliche. Riconoscere tali risultati vuol dire analizzare serenamente uno dei limiti culturali del nostro Paese: il disfattismo. Che nessuno meglio di Francesco Cossiga ha saputo descrivere, affermando che: "Italiani sono sempre gli altri".

Il motto "tanto in Italia non funziona niente" è una ricorrente affermazione con la quale si intende giustificare l'irresponsabilità e l'inazione nei comportamenti quotidiani di molti. Ovviamente, gli esempi pubblici a volte ampiamente legittimano simili punti di vista.

Purtroppo, però, questo approccio di una parte del Paese danneggia internamente ed esternamente la comunità nazionale. Il danno interno è che si continua ad alimentare un'immagine ben peggiore di quella che, pur con deficienze gravi, l'Italia è in realtà. Non possiamo fare a meno di ricordare che tale distorsione culturale penalizza soprattutto i giovani che perdono sempre più fiducia e non colgono le grandi opportunità che la comunità nazionale offre, mentre le istituzioni politiche cerchino di affrontare la difficile soluzione prevalentemente con la propaganda.

Il danno esterno è legato all'immagine del nostro Paese nel sistema europeo e globale. Non finiremo mai di ripeterlo: sono tante le potenze europee, e non solo quelle, che hanno interesse a indebolire la reputazione nazionale. Anche perché la guerra prevalente di oggi e di domani è quella dell'informazione.

Il disfattismo e la lamentela, sebbene legittimati, continuano a facilitare la posizione di chi ci vuole un Paese sempre meno prospero ed influente. Quando un parametro macro-economico italiano crolla è facile trovare una copertura nella stampa internazionale che lo menzioni. In questo, inglesi e francesi sono in prima linea, dimenticando sistematicamente le loro contraddizioni.

Quando però l'Italia, com'è successo ad agosto, mostra un +7.7% di crescita sul mese precedente nella produzione industriale, superando Francia e Germania, sembra che a nessuno interessi, se non a qualche giornale specialistico.

Crediamo che bisognerebbe sforzarsi di guardare la realtà con maggiore obiettività. Forse dovremmo cominciare a riconoscere i risultati del sistema Italia. Vorremmo menzionare, per esempio, i ponti aerei nord-sud messi a disposizione dall'aeronautica militare durante i periodi di maggiore difficoltà o l'incredibile sforzo profuso da medici ed infermieri in tutto il Paese, sottolineando allo stesso tempo i punti di miglioramento. Sarebbe utile anche riconoscere l'estrema complessità della situazione e provvedere ad una indispensabile comparazione internazionale.

Infatti, basta guardare a quanto sta succedendo in Francia e in Spagna in questi giorni. Di fronte un livello di contagi abnorme, oltre 25.000 al giorno, la Francia continua a tentennare con misure che gli esperti definiscono assai parziali. Potremmo dire altrettanto della Spagna, che ha imposto il lockdown assai discutibile di Madrid e continua a dichiarare dati epidemiologici discordanti e poco attendibili.

Sono pochi i giornali a riportare la notizia con precisione: Madrid "capitale" è in realtà apertissima, perché sono i centri limitrofi ad essere in lockdown. Ad oggi un comune cittadino può tranquillamente salire su un treno a Barcellona, arrivare comodamente alla stazione di Atocha e passeggiare come se niente fosse nel centro di Madrid.

Non dobbiamo mai dimenticare che l'Italia è un grande Paese, è la seconda potenza industriale d'Europa, una Nazione ricca di competenze professionali e culturali di altissimo valore. Al di là degli evidenti limiti politici, questo dovrebbe essere il punto di partenza di qualsiasi seria e responsabile discussione, per costruire consapevolmente il futuro.

È allarme disagio sociale.
(25/10/2020)

Napoli e non solo. L'essenza del problema non va sottovalutata: il malessere esiste, camorra o non camorra. E con la frenata del Pil nel 2020, questi aspetti non potranno che ingigantirsi.

Tanto tuonò che piovve. Non era necessario interpretare le centurie di Nostradamus per comprendere quello che sarebbe potuto presto accadere: l'esplosione del disagio sociale. Questo fenomeno, secondo me, va però inquadrato nella sua corretta dimensione. Sarebbe, infatti, parziale collegarlo esclusivamente alle vicende della pandemia che non sono altro che un potente detonatore di una condizione presente da tempo.

I titoli dei giornali di oggi sono fuorvianti, nel senso che colgono solo un aspetto del problema. Il Messaggero titola "Allarme ordine pubblico" e la Repubblica, che pubblica un'intervista con Marco Minniti, uno degli uomini politici più competenti sul tema della sicurezza: "A Napoli attacco eversivo".

Dal mio punto di vista, rubricare il disagio sociale come fenomeno di ordine pubblico significa schiacciare l'analisi sul presente, senza profondità. I segnali sono noti da tempo e costantemente sottovalutati e rappresentati pure nelle Relazioni dei Servizi al Parlamento.

Sull'episodio napoletano, è automatico che la criminalità, com'è nel suo imprinting, promuova e cavalchi lo scontento, ma non va sottovalutata l'essenza del problema: il malessere esiste, camorra o non camorra. Con la notevole riduzione del Pil nel 2020, questi aspetti non potranno che ingigantirsi. Nello studio della Società Italiana di Intelligence dell'aprile scorso, allegato al numero di Formiche e riportato più volte pure su Formiche.net, si era chiaramente previsto che il disagio sociale sarebbe potuto essere la manifestazione più pericolosa poiché le decisioni governative, che in Italia peraltro sono state in alcuni casi più efficaci di quelle di altre nazioni, potrebbero non essere sufficienti per frenare il malessere, che cova da tempo e che trae origine anche dalla inadeguatezza delle élite pubbliche.

I sondaggi riportano che, nonostante le proteste, il gradimento del governo è superiore al 50%. Questo significa non che i problemi vengano affrontati correttamente (basti vedere, a torto o a ragione, il flop dell'app Immuni e quello che sta accadendo nelle scuole e negli ospedali) ma che la propaganda ancora funziona. E quando agli annunci si sostituisce la realtà, siamo costretti a constatare i fatti di ieri a Roma e a Napoli.

Ci fermeremo qua? Me lo auguro, ma non ne sono affatto sicuro perché la crescita della pandemia è esponenziale. Appunto per questo il Consiglio supremo di difesa, convocato per martedì e presieduto dal capo dello Stato Sergio Mattarella, potrebbe anche analizzare tale aspetto, perché le vicende nazionali sono adesso di gran lunga preminenti rispetto a quelle internazionali e il tema della difesa diventa molto prossimo a quello della sicurezza, se possono essere minacciate le istituzioni repubblicane, come sono pure Regioni e Comuni. Tanto più che i componenti del Consiglio supremo di difesa, tranne il ministro della Giustizia e, ovviamente il capo dello Stato, sono praticamente gli stessi del Comitato interministeriale per la sicurezza della Repubblica, che finora nel periodo pandemico sembra non essersi mai riunito.

Disagio sociale e Difesa. Vi spiego il fattore sicurezza nazionale
(28/10/2020)

Prima della sicurezza, la povertà. Il disagio sociale è la vera emergenza del Paese. Da qui nasce la spirale di violenza che attraversa le piazze d'Italia. E sorprende che il Consiglio Supremo della Difesa non lo citi nel comunicato finale.

Com'è avvenuto l'anno scorso il 13 novembre, anche stavolta, qualche giorno prima, il 27 ottobre, si è riunito il Consiglio Supremo di Difesa, previsto dall'articolo 87 della Costituzione.

E pure quest'anno, convocati dal Capo dello Stato Sergio Mattarella, si riuniranno al Quirinale il presidente del Consiglio dei ministri Giuseppe Conte, il ministro degli Affari Esteri Luigi Di Maio, il ministro dell'Interno Luciana Lamorgese, il ministro dell'Economia Roberto Gualtieri, il ministro della Difesa Lorenzo Guerini, il ministro dello Sviluppo Economico Stefano Patuanelli e il Capo di Stato Maggiore della Difesa Enzo Vecciarelli, insieme al sottosegretario di Stato alla Presidenza del Consiglio Riccardo Fraccaro, il segretario generale della Presidenza della Repubblica Ugo Zampetti e il segretario del Consiglio Supremo di Difesa Rolando Mosca Moschini.

L'anno scorso hanno parlato di Iraq, Siria, Medioriente, Libia, Afghanistan, Europa e Nato, concludendo con la riforma della difesa italiana.

È passato meno di un anno ma lo scenario è totalmente diverso. L'ordine del giorno, in burocratese, prevedeva l'analisi delle "conseguenze dell'emergenza sanitaria sugli equilibri strategici e di sicurezza globali, con particolare riferimento alla Nato e all'Unione Europea" oltre che la "prontezza, efficienza, integrazione e interoperabilità dello Strumento Militare nazionale". Infine il "Bilancio della Difesa e stato dei programmi di investimento in relazione alla fluidità del contesto di riferimento e agli obiettivi capacitivi di lungo periodo".

I resoconti ci dicono che durante il corso della riunione sono stati affrontati i temi della difesa e militari nelle aree di instabilità del mondo. Solo che le aree di instabilità, oltre che nello scenario internazionale, potrebbero essere considerate a breve anche quelle del nostro Paese.

Tanto più che, tranne il ministro della Giustizia e, ovviamente il capo dello Stato e i militari, i componenti del Supremo Consiglio di Difesa sono praticamente gli stessi del Comitato Interministeriale per la Sicurezza della Repubblica, mai convocato dall'inizio della pandemia.

E il tema della difesa non può essere sganciato da quello della sicurezza almeno per due ragioni: il rischio di acquisizione di aziende strategiche per la sicurezza nazionale e il prevedibile aumento del disagio sociale.

Infatti, con la spaventosa diminuzione del Pil intorno al 10% l'economia è più fragile.

Pertanto, le aziende che gestiscono le infrastrutture strategiche nazionali, quelle interessate nel settore della sicurezza e degli armamenti, quelle che si occupano di tecnologie e di intelligenza artificiale sono maggiormente aggredibili. Basterà l'attuale normativa del golden power?

I Servizi avranno certamente informato il presidente del Consiglio sugli attuali rischi di acquisizioni ostili o criminali. In un intreccio sempre più opaco, fondi sovrani, società finanziarie e mafie dispongono di risorse economiche im-

imponenti. E il ruolo dell'Italia nel prossimo decennio nell'Unione Europea, nell'alleanza Atlantica e nel mondo potrebbe decidersi nei prossimi mesi.

L'imprevedibile situazione dal punto di vista sanitario e quindi economico può di conseguenza determinare scenari differenti e alternativi.

Il disagio sociale, inevitabilmente crescente come stanno dimostrando le manifestazioni di piazza, non è meno delicato. I provvedimenti e gli annunci degli interventi governativi nazionali ed europei finora hanno contenuto le difficoltà ma fino a quando saranno sufficienti?

L'andamento della pandemia sta determinando la percentuale della popolazione che tenderà all'indigenza e quella che avrà un'accettabile riduzione del reddito.

Dal punto di equilibrio che si realizzerà tra queste due tendenze dipenderà la sicurezza sociale soprattutto nei grandi centri urbani, che presentano per forza di cose i maggiori contagi.

Il nostro Paese, per alcuni aspetti, ha gestito l'emergenza meglio degli altri. Ma le difficoltà sono vistose e, se l'aumento dei contagi continuerà a rimanere esponenziale, si potrebbero determinare situazioni fuori controllo.

Per questo, il tema del disagio sociale si sarebbe dovuto affrontare nel corso della riunione del Consiglio Supremo della Difesa, perché potrebbe incidere anche sulla sicurezza delle istituzioni. E non mi sembra un rischio assolutamente campato in aria.

Sean Connery, un'icona mondiale dell'intelligence.
(31/10/2020)

Il grande attore scozzese scomparso oggi a 90 anni ha portato il ruolo dei Servizi segreti nell'immaginario collettivo.

Interpretando il personaggio di 007, Sean Connery ha contribuito in modo determinante a rendere popolare l'attività dei Servizi segreti. James Bond è stato inventato negli anni Cinquanta da una spia vera qual era stata Ian Fleming durante la Seconda guerra mondiale.

E sebbene la fantasia sullo schermo, soprattutto nei primi anni, sembrava prevalere sulla realtà, il ruolo dell'agente segreto interpretato da Sean Connery rappresenta un'icona assoluta del nostro tempo con la quale si identifica la funzione dell'intelligence, determinante per la sicurezza e il benessere di tutti gli Stati.

Non è casuale che la saga più longeva della storia del cinema sia quella di James Bond, dove a volte si è anticipata la realtà. Basti pensare agli strumenti inventati da "Q", capo del laboratorio attrezzature segrete del MI6, che negli ultimi film è un genio dell'informatica.

Poi in "Una cascata di diamanti" (1971) fa addirittura intravedere un possibile "Complotto lunare" quando 007, inseguito da chi aveva cattive intenzioni, irrompe in un set dove si stava filmando la simulazione di un atterraggio sulla luna.

Sean Connery interpretava un personaggio affascinante e a suo agio con le donne, le tecnologie e il bel mondo, nella cornice netta della guerra fredda ma che già anticipava i rischi fuori controllo di organizzazioni criminali come la Spectre.

Nel corso degli anni la figura di James Bond è profondamente mutata in linea con le sconvolgenti trasformazioni del mondo. E come si vede in "Il domani non muore mai" (1997), 007 si è quindi trovato a combattere nella società della disinformazione, dove il magnate dei media Elliot Carver fabbricava le notizie, per orientare la percezione della realtà.

Il tutto con il cambio di paradigma dello spionaggio, che "M", la responsabile del Secret Intelligence Service di Sua Maestà, in "Skyfall" (2012) così descrive alla commissione parlamentare: "Io vedo un mondo diverso dal vostro. E la verità è che quello che vedo mi spaventa molto. Sono spaventata perché non sappiamo più chi sono i nostri nemici. Non sono più rintracciabili, non sono Nazioni. Sono individui. Il nostro mondo non è più trasparente, ora. È più opaco. È nelle ombre. È lì che dobbiamo combattere". Oggi è questa la dimensione dello spionaggio in cui si muove l'agente segreto, tra il reale e l'immaginario.

Ma nella nostra mente tutto ebbe inizio con "Agente 007 - Licenza di uccidere" (1962) quando c'era chi scandiva "il mio nome è Bond, James Bond". Ciao Sean.

Istituto Cyber? Modello Mossad.
(15/11/2020)

Una buona notizia, cui ora bisogna dare seguito. Si segua il modello israeliano di Mossad e Shin Bet. Senza una (seria) formazione non c'è prevenzione

---

La nascita dell'Istituto Italiano di Cybersicurezza (IIC), diretta emanazione della Presidenza del Consiglio, è un chiaro indicatore che l'attività dell'intelligence deve orientarsi sempre di più nella dimensione prevalente del cyber.

L'interesse nazionale infatti sarà sempre più assicurato in larga misura dalla sicurezza cibernetica, dalla quale si potrebbe presto anche far dipendere il rating di un Paese.

Non a caso quelle che stiamo combattendo, a cominciare da quella del Covid-19, sono soprattutto guerre di informazioni, interne ed esterne alle nazioni e alle persone.

Con le giuste intenzioni, la sicurezza e la protezione del web si intendono perseguire attraverso una politica orientata a un'autonomia nazionale cibernetica, con lo sviluppo di soluzioni tecnologiche e di competenze professionali.

La cybersicurezza non può però concentrarsi solo sulle pur fondamentali questioni tecniche. Sarebbe pertanto opportuno riflettere già da ora su una serie di temi.

Prima di tutto le competenze che la prevista Fondazione andrà effettivamente a svolgere nello spirito della norma che la istituisce e che dovrà occuparsi "della sicurezza cibernetica e della protezione informatica, nonché [...] favorire lo sviluppo della digitalizzazione del Paese".

Vanno ben chiarite le funzioni, in quanto su questi argomenti sono già chiamate a operare anche altre istituzioni dello Stato, dal Dis, al quale è assegnato un ruolo centrale, all'Agenzia per l'Italia Digitale, che dovrebbe promuovere l'innovazione.

In secondo luogo, va posta attenzione sul capitale umano che verrà coinvolto, a cominciare dal Commissario Unico, dai successivi componenti degli organi e dal personale utilizzato. È noto che in ogni organizzazione sono le persone che fanno la differenza, qualificando la struttura. Le improvvisazioni e, generalizzando, le competenze magari acquisite su Wikipedia sono sconsigliate oggi più che mai e specie in un settore così nevralgico.

Va quindi definita una visione che accanto alle questioni tecniche ponga quella dell'educazione. Robert David Steele, prima dell'attacco alle Torri Gemelle che segnò il fallimento internazionale dell'intelligence tecnologica, sosteneva che "la migliore arma di una nazione è una cittadinanza istruita".

Pertanto potrebbe essere essenziale un'educazione di base sulla sicurezza informatica, a partire dalle scuole dell'obbligo, e in tale direzione anche la Fondazione potrebbe svolgere un ruolo significativo.

Da qui discende, allora, il tema principale relativo alla costituzione di questo nuovo organismo: per essere efficace la sicurezza informatica deve cercare di integrare competenze tecniche e pratiche educative, mantenendo sempre l'uomo al centro.

Essendo la Fondazione direttamente collegata con il Dis, va richiamata la modalità operativa del Mossad e dello Shin Bet che da qualche anno stanno assumendo contemporaneamente hacker e laureati in filosofia: i primi per individuare le informazioni nei recessi reconditi della Rete e proteggere le Reti stesse; e i secondi per interpretare le informazioni raccolte e per prevedere eventuali strategie ostili nei confronti degli interessi nazionali.

Infine, un Istituto Italiano di Cybersicurezza non può non affrontare esplicitamente il tema dell'intelligenza artificiale e dell'ibridazione tra uomo e macchina, poiché gli attacchi possono provenire sempre di più da algoritmi o da persone che sono fortemente ibridate con le tecnologie.

Queste ultime, tra la fine degli anni Novanta e i primi anni Duemila, sono state definite "Cybionti" da Joel de Rosnay e in Italia "Simbionti" da Giuseppe O. Longo. Non si tratta di fantascienza, com'è ovvio, ma di realtà molto prossime.

In definitiva, secondo me, la creazione dell'Istituto va nella direzione opportuna ma occorre svilupparla nel modo migliore. Non a caso è un'iniziativa rivolta al futuro e come ci ricordava Alan Turing in uno scritto famoso: "Possiamo vedere nel futuro solo per un piccolo tratto, ma possiamo pure vedere che in questo piccolo tratto c'è molto da fare".

I vaccini? Una questione di intelligence (30/11/2020)

Il comparto sanitario è una delle attività maggiormente lucrative per la criminalità organizzata. C'è il rischio di una ulteriore infiltrazione nella fornitura dei vaccini che potrebbe alimentare il già elevato disagio sociale minacciando anche la sicurezza nazionale e la stabilità delle istituzioni democratiche

La criminalità organizzata è presente ovunque vi siano risorse economiche. Com'è noto il settore sanitario occupa una posizione rilevante nei bilanci delle Regioni, per cui i tentativi di infiltrazione criminale nella politica sanitaria sono costanti. E questo si può riscontrare per gli appalti pubblici delle forniture di farmaci e di attrezzature sanitarie. Un altro aspetto sensibile può anche essere considerato la gestione dei fondi per la sanità privata, dove non è difficile ipotizzare una confluenza di interessi tra corruzione politica e affari criminali. Ci sono infatti casi di Asl sciolte per infiltrazioni mafiose, mentre alcuni casi specifici, come l'omicidio nel 2005 in Calabria del consigliere regionale Francesco Fortugno, vanno inquadrati proprio nell'ambito di tale contesto. Inoltre, le mafie sono fortemente coinvolte nell'economia illegale della contraffazione dei farmaci e nel commercio delle droghe sintetiche. Pertanto il comparto sanitario, pure in senso tecnico, è una delle attività maggiormente lucrative per la criminalità organizzata. Tendenza accentuata in questa fase pandemica, nella quale le mafie si stanno riorganizzando per infiltrare ulteriormente l'economia legale, come ben spiega nel suo ultimo libro Nicola Gratteri, scritto insieme ad Antonio Nicaso: "Ossigeno illegale. Come le mafie approfitteranno dell'emergenza Covid-19 per radicarsi nel territorio italiano".

Adesso, secondo me potrebbe esserci il rischio di una ulteriore infiltrazione nella fornitura dei vaccini. Prima di tutto, dovrebbero essere controllati i canali di approvvigionamento, in quanto già l'acquisto del vaccino potrebbe dare adito a qualche perplessità. E ciò sia in termini di scelta di uno specifico prodotto rispetto ai concorrenti, sia sul costo di ogni singola dose e sui tempi di consegna. Non è un caso, infatti, che alle recenti dichiarazioni sull'efficacia dei rispettivi vaccini rilasciate dalla Pfizer e da Moderna, siano seguite immediate ricadute sulle quotazioni in borsa. Probabilmente, però, al momento, potrebbe non essere né utile né realistico fare riferimento a un singolo vaccino ma considerare una più ampia scelta fra quelli in fase di sperimentazione più avanzata.

Allora, va ricordato, benché non necessario, che una valutazione definitiva su quale sia il prodotto più sicuro ed efficace non sia stata finora compiuta. Non a caso, come annunciato dalla presidente della Commissione Europea Ursula Von Der Leyen sono stati stipulati diversi contratti per assicurare che ogni Stato membro riceva le dosi nello stesso momento, alle medesime condizioni e in un numero proporzionato alle rispettive popolazioni. All'Italia, che ha già aderito a questa iniziativa mediante l'Advanced Purchase Agreement, toccheranno il 13.65% dei vaccini dell'Unione Europea. Sono tuttora in corso le valutazioni sul vaccino che verrà individuato, di cui dovremmo cominciare a ricevere circa 3,4 milioni di dosi per 1,7 milioni di persone a partire dal mese di gennaio 2021.

Il target dei cittadini a cui somministrarlo e le modalità di distribuzione delle dosi ad oggi non sono state definite. È evidente che al momento siano poche rispetto ai 60 milioni di abitanti, dei quali quasi il 30% superiori ai 60 anni. E si prevede che con 40 milioni si possa raggiungere l'obiettivo dell'immunità di gregge. Per vaccinare un così elevato numero di persone, occorre inoltre dotarsi per tempo di un altrettanto elevato numero di siringhe di precisione. Un bando per la fornitura di oltre cento milioni di queste unitamente a cinque milioni di fiale di diluente salino è stato avviato a metà novembre e scadrà fra pochi giorni. Non è, pertanto, difficile immaginare come tali dinamiche possano certamente suscitare gli interessi del mondo criminale.

Intanto va ricordato che i due hub di prima distribuzione per il Nord e il Sud Italia sembrano essere stati individuati negli aeroporti di Malpensa e Fiumicino. Sui luoghi di stoccaggio successivo vige giustamente il massimo riserbo ma si prevede siano 300 in tutto il Paese. Su questo tema sarà utile e opportuno conoscere le informazioni che il Commissario straordinario per l'emergenza Covid-19 Domenico Arcuri potrà fornire sembra il 2 dicembre. È indubbio, infatti, che i milioni di fiale rappresentino un obiettivo estremamente sensibile sul piano della sicurezza, che verrà garantita attraverso i vari corpi dello Stato, i quali istituzionalmente collaborano con i Servizi di intelligence che possono essere chiamati a svolgere un ruolo rilevante anche in questo caso. Indubbiamente lo stoccaggio di milioni di dosi di vaccino è un argomento assai delicato, che mobilita vasti interessi. Ad esempio, già l'individuazione delle ditte per il trasporto e lo stoccaggio incontra l'attenzione della criminalità organizzata. Non ci sono dati significativi e strutturati sulla presenza della criminalità organizzata nei settori privati che si occupano di queste attività. A differenza di quanto emerge dall'analisi di settori economici specifici quali la gestione delle cave e del movimento terra che sono pesantemente infiltrati dalla criminalità organizzata in tutta Italia.

Di sicuro sarà necessario un monitoraggio preventivo

e costante nei settori dei trasporti e della distribuzione delle merci. Infine, un non secondario aspetto riguarda l'ordine pubblico nella concomitanza della somministrazione delle dosi. La criminalità organizzata, infatti, o movimenti eversivi di vecchia e nuova costituzione, potrebbero alimentare il già elevato disagio sociale, che con l'aggravarsi della crisi economica rischia di oltrepassare la soglia di guardia, minacciando anche la sicurezza nazionale e la stabilità delle istituzioni democratiche.

Vi racconto John Le Carré, la spia che parlava d'amore (14/12/2020)

Il maestro della spy story ha indagato il lato oscuro del mondo attraverso il lato oscuro dell'anima. Ma forse, come diceva Oreste Del Buono, "lo stesso spionaggio e lo stesso terrorismo potrebbero essere per John Le Carré solo degli utili ingredienti per trattare con il maggior abbandono il suo interesse principale, che è semplicemente, quasi banalmente direi, l'amore".

Se a Ian Fleming dobbiamo il successo planetario della figura della spia, a John Le Carré siamo grati per averle assegnato la sua dimensione reale. Entrambi gli scrittori avevano servito nel Secret Service di Sua Maestà, ma in periodi diversi e con compiti differenti.

Fleming durante la seconda guerra mondiale e da operativo in Marina, Le Carré reclutato nel 1950 come analista mentre studiava all'Università di Berna. Avevano più di vent'anni di differenza. E se il primo libro del padre di James Bond è "Casino Royal" del 1953, quello di Le Carré invece è del 1961 e ha come titolo "Chiamata per il morto". Le loro storie irrompono sugli schermi nel giro di pochi anni: "Agente 007. Licenza di uccidere" è del 1962 e "La spia che venne dal freddo" è del 1965.

Il libro di Le Carré a cui è ispirata la pellicola fa emergere la dimensione profondamente umana della spia, con l'urgenza dei sentimenti e l'abisso dei conflitti interiori. Il personaggio principale del romanzo, Alec Leamas, a un certo punto dice: "Siamo tutti uguali, sapete, ecco dove sta la beffa", svelando gli inganni delle ideologie, che in tempi di guerra fredda significava essere prossimi all'eresia. Il suo personaggio principale, George Smiley, appare già nella prima storia ma poi giganteggia soprattutto ne "La talpa", ispirata alla vicende di Kim Philby, spia inglese infiltrata dai sovietici che aveva svelato negli anni Cinquanta l'identità degli agenti britannici sotto copertura, tra i quali David John Moore Cornwell il vero nome di John Le Carré, uno pseudonimo che raffigura l'altro e il suo doppio. Dopo anni Smiley ritorna nel 2017 in "Un passato da spia" dove le vicende della guerra fredda sono analizzate da chi non ha alcuna memoria di quel periodo.

Ma i romanzi di Le Carré affrontano tanti di quelli che potremmo definire i fronti planetari del disordine e temi di preoccupazione universale. Tra questi, la questione palestinese ("La tamburina", 1983), le previsioni e le conseguenze del crollo dell'impero sovietico ("La casa Russia", 1989), il clima di disagio provocato dalla fine della guerra fredda ("La pace insopportabile", 1991), il dilagare dell'illecito a livello planetario ("Il direttore di notte", 1993), le finzioni dello spionaggio nelle plumbee atmosfere centroamericane ("Il sarto di Panama", 1996), gli interessi colossali legati alla sperimentazione dei farmaci in Africa ("Il giardiniere tenace", 2001). Il complesso rapporto con il padre, che affiora costantemente nei suoi romanzi, lo affronta, e in un certo senso lo risolve, nella sua biografia ("Tiro al piccione", 2016).

Da tanti dei suoi libri sono stati tratti film di straordinario successo, con grandissimi attori che interpretano i suoi personaggi: da Richard Burton (Alec Leamas in "La spia che venne dal freddo") a Sean Connery (Barley Blair in "La casa Russia"), da Geoffrey Rush (Harry Pendel ne "Il sarto di Panama") a Gary Oldman (George Smiley in "La talpa"). L'ultimo libro è dell'anno scorso ed è intitolato "La spia corre sul campo", ambientato ai tempi della Brexit e di Donald Trump: un ritratto vivido e agghiacciante dei nostri tempi, dove nulla è ciò che appare. Le atmosfere della guerra fredda vengono condensate nel proverbio "L'uomo che ha due donne perde l'anima. Ma l'uomo che ha due case perde la testa" posto come esergo all'inizio de "La spia perfetta", che così descrive: "Tu una volta hai tradito me, ma, cosa più importante, hai tradito te stesso. Tu menti anche quando dici la verità. Anche tu hai le tue lealtà, i tuoi affetti. Ma verso cosa? Verso chi? Tu sei una spia perfetta. Ti manca soltanto una causa". Adesso invece è consapevole della disinformazione incontenibile quando in un'intervista affermava: "Viviamo in un'epoca di straordinario autoinganno, dove la realtà sta da una parte e la percezione pubblica della realtà esattamente dall'altra".

In definitiva, il maestro della spy story ha indagato il lato oscuro del mondo attraverso il lato oscuro dell'anima. Ma forse, Oreste Del Buono, nella sua inarrivabile lucidità, aveva capito di più: "Si comincia a sospettare che lo stesso spionaggio e lo stesso terrorismo potrebbero essere per John Le Carré solo degli utili ingredienti, dei pretesti plausibili, degli strumenti d'eccezione per trattare con il maggior abbandono il suo interesse principale, fondamentale, irrinunciabile, che è semplicemente, quasi banalmente direi, l'amore".

Conte e la delega 007. Pro e contro (23/12/2020)

Un'autorità delegata per l'intelligence sarebbe una cosa opportuna e adatta al momento che viviamo. È una scelta libera che spetta al presidente Conte e potrebbe ricadere su uno dei suoi uomini più fidati, come è successo in passato. L'importante è che la sicurezza nazionale non finisca vittima delle liti politiche.

Il presidente del Consiglio Giuseppe Conte ha ritenuto opportuno intervenire nel pomeriggio per chiarire la sua posizione sul conferimento della cosiddetta delega ai Servizi. La materia è quanto mai delicata e riguarda il cuore delle istituzioni repubblicane.

Ha precisato che la legge assegna la responsabilità dell'intelligence proprio al capo dell'esecutivo, che eventualmente può conferire una serie di funzioni. Va precisato che alcune di queste sono attribuite in via esclusiva al presidente del Consiglio e non è possibile trasferirle: l'alta direzione e la responsabilità generale della politica dell'informazione per la sicurezza, l'apposizione, la tutela e la conferma del segreto di Stato; la nomina e le revoca dei direttori e dei vice direttori del Dis e delle Agenzie.

Da quando l'Italia nel 1977 si è dotata di una legge per regolare la delicata materia dell'intelligence, si sono susseguiti 34 esecutivi (dall'Andreotti III al Conte II), in 16 dei quali i presidenti del Consiglio hanno gestito direttamente i Servizi. Nei casi in cui la delega è stata assegnata, il premier ha individuato rigorosamente qualcuno del proprio partito, o esponenti di assoluta fiducia politica (Gianni Letta con Berlusconi, oppure Enrico Micheli con Prodi) o tecnica (Gianni De Gennaro con Monti, nomina effettuata dopo sei mesi dall'insediamento dell'Esecutivo e finora senza precedenti).

C'è un solo caso di discordanza politica tra presidente del Consiglio e responsabile delegato ai Servizi e si è verificato durante il D'Alema I in cui il capo del governo era dei DS e la funzione è stata assegnata al vice presidente Sergio Mattarella del PPI. Come si ricorderà, quello fu un governo particolare nato con l'apporto determinante di Francesco Cossiga e durante il quale venne combattuta, tra il febbraio 1998 e l'11 giugno 1999, la guerra del Kosovo.

Già nel successivo esecutivo, guidato sempre da D'Alema, la delega venne assegnata a Marco Minniti, che ha svolto questo ruolo anche nei governi Letta e Renzi. Da parte di tanti si dichiara che la materia dell'intelligence debba essere usata con la massima cura tenendola al riparo dalle polemiche politiche, tanto più se sono interne alla maggioranza.

Si dovrebbe pertanto provare a riflettere su alcuni aspetti. Il primo è che è legittimo che la delega ai Servizi venga gestita direttamente dal presidente del Consiglio, come è accaduto peraltro in quasi la metà degli esecutivi repubblicani che si sono succeduti dal 1977 in poi; tra gli altri quelli guidati da Andreotti, Spadolini, Craxi, Amato, Ciampi e Gentiloni.

Il secondo profilo è che quando la delega è stata assegnata, per la estrema delicatezza della funzione, di solito il presidente ha individuato un esponente dello stesso partito. La situazione eccezionale che stiamo vivendo richiede una politica della sicurezza nazionale che tuteli gli interessi delle istituzioni, dell'economia e dei cittadini.

Il nostro Paese sta subendo più di altri l'impatto del

Covid-19, sia in termini di persone decedute e contagiate che di riduzione del Pil. Tutto ciò comporta il rischio (se non la certezza) che gli asset strategici nazionali possano essere oggetto di attenzione da parte di interessi ostili (come più volte ha fatto rilevare il Copasir guidato da Raffaele Volpi), così come la criminalità organizzata tenta di espandere sempre di più il proprio raggio di azione, persino nella distribuzione dei vaccini.

Pertanto, il presidente del Consiglio, che ha provveduto a stabilizzare i vertici dei Servizi in questa fase così incerta, può legittimamente non conferire la delega per l'intelligence.

In alternativa, il premier potrebbe valutare la possibilità di nominare quale sottosegretario una persona di sua assoluta fiducia. In questo modo si potrebbe avere un responsabile che segua esclusivamente questo settore strategico in un momento così delicato, come mesi fa avevo auspicato. Quello che occorre assolutamente evitare è trasformare l'intelligence in argomento di polemica politica perché di questo non si avverte proprio la necessità.

Vi racconto Giorgio Galli, maestro gentile (28/12/2020)

Uno studioso mai ordinario

Con Giorgio Galli scompare un intellettuale dalla mente ospitale che ha saputo interpretare con straordinaria lucidità le vicende del secondo Novecento e del ventennio del nuovo secolo. Uno studioso vero, attento alle novità, alle riflessioni da fare, più che alle relazioni da tessere o alla carriera accademica. Non a caso andò in pensione da professore associato alla "Statale" di Milano, a riprova di come l'università italiana si mantenga spesso a una siderale distanza dal merito. Ha spaziato su tantissimi argomenti, quasi sempre prima degli altri, tanto che è difficile riassumere la pluralità della sua opera. Proverò a fare una prima rassegna. Inquadrato in un'ottica sociologica e storica, il sistema politico è stato il baricentro dei suoi studi, sempre indirizzati alla costante ricerca di capire le ragioni culturali, i meccanismi di fondo, le dinamiche dei fenomeni, aggiornando costantemente il suo pensiero. Solo per comodità di analisi, ho cercato di individuare cinque piste di ricerca, intimamente collegate. Prima di tutto Galli ha affrontato la storia dei partiti politici, soprattutto italiani, approfondendo quelli maggiori. Poi, con grande coraggio e in modo documentato, ha trattato quello che lui avrebbe definito il "prezzo della democrazia", cioè le contraddizioni della gestione del potere in Italia, in una costante tensione tra conquiste sociali e malaffare. Ha affrontato quindi il tema eretico delle radici esoteriche della politica, a cominciare dal nazismo, per passare poi ad esaminare il fenomeno del terrorismo italiano e internazionale. Infine, ha approfondito il ruolo delle multinazionali, il cui controllo rappresenta nella sua visione un tema decisivo per le democrazie del XXI secolo.

Il sistema politico

In pieno boom economico, Galli pubblica un libro che da allora lo imporrà all'attenzione del dibattito scientifico e politico del nostro Paese: "Il bipartitismo imperfetto" (il Mulino, 1966). Nel volume spiega il sistema bloccato della democrazia italiana dove durante la guerra fredda era di fatto impossibile l'alternanza nel governo delle istituzioni. Già nei primi anni Cinquanta aveva scritto, con Fulvio Bellini, "Storia del Partito comunista italiano" (Schwarz, 1953), che approfondirà nel clima del compromesso storico con "Storia del PCI" (Bompiani, 1976). Successivamente, visti gli esiti della globalizzazione, manda alle stampe "In difesa del comunismo nella storia del XX secolo" (Kaos, 1998), non trascurando di affrontare il tema ancora urticante di "Pasolini comunista dissidente. Attualità di un pensiero politico" (Kaos, 2010). Passando alla DC, prima analizza, con Paolo Facchi, "La sinistra democristiana. Storia e ideologia" (Feltrinelli, 1962) cogliendo un fenomeno politico e culturale allo stato nascente per contestualizzare poi la personalità di "Fanfani" (Feltrinelli, 1975), l'uomo politico che ancora a metà degli anni Settanta guidava il partito dei cattolici. Tratta organicamente le vicende dello scudo crociato in "La storia della DC "(Laterza, 1978). Sul tema ritorna nel biennio della decomposizione del sistema politico della prima repubblica con "Mezzo secolo di DC" (Rizzoli, 1993), in cui profeticamente avverte "Di questo sistema, la Dc permane l'asse centrale. Ma alla fine del 1993 deve affrontare due questioni che potrebbero mettere in discussione questo ruolo: il processo di privatizzazione delle aziende pubbliche (il cui controllo ha grandemente giovato al partito); e la riforma della legge elettorale (che finora ha consentito alla Dc di essere il solo partito in grado di governare, mediante coalizioni)". Al partito allora guidato da Craxi dedica "Storia del socialismo italiano" (Laterza, 1980) e dopo che la parabola si era praticamente conclusa "Ma l'idea non muore. Storia orgogliosa del socialismo italiano" (Tropea, 1996). In definitiva al sistema politico ha dedicato studi sistematici, a cominciare da "I partiti politici in Italia, 1861-1973" (Torino, 1975) e quindi "Storia dei partiti politici europei. Dal 1649 a oggi" (Rizzoli, 1990).

Il prezzo della democrazia

"Il prezzo della democrazia. La carriera politica di Giulio Andreotti" (Kaos, 2003) è il testo che Galli dedica al politico democristiano travolto dalle inchieste per mafia. Sostiene: "l'antico delfino di De Gasperi [...] ha i meriti del ceto politico che ha portato la povera Italia del 1945 al Paese con un posto tra gli otto Paesi più industrializzati d'inizio Duemila; un progresso tuttavia scandito da collusioni mafiose, delitti e stragi, "deviazioni" istituzionali, economia della corruzione". Ma le sue analisi articolate erano iniziate a metà degli anni Settanta quando pubblica due volumi. Il primo, con Alessandra Nannei, su "Il capitalismo assistenziale. Ascesa e declino del sistema economico italiano 1960-1975" (SugarCo, 1976), in cui analizza i guasti sul sistema sociale causati dalla commistione troppo intima tra partiti ed economia. Nel secondo, "La sfida perduta. Biografia politica di Enrico Mattei" (Bompiani, 1976), ipotizza per la prima volta la teoria che la morte del Presidente dell'ENI non fosse un incidente ma il risultato di un attentato, ricostruzione confermata in via giudiziaria solo nel 2003. Dopo il crollo del muro di Berlino scrive "Affari di stato. L'Italia sotterranea 1943-1990"

(Kaos, 1991), in cui ripercorre i principali fatti oscuri della Repubblica, dal caso Montesi alle schedature del Sifar, dallo scandalo delle banane ai falsi danni di guerra, dalle tangenti della Lockheed alle speculazioni di Michele Sindona, dall'affaire Moro alla morte di Calvi, dall'Irpiniagate all'omicidio Ligato. Alla P2 dedica il volume "La venerabile trama. La vera storia di Licio Gelli e della P2" (Lindau, 2007). Ma è di cinque anni fa un affresco lucidissimo dell'attuale situazione italiana. Lo disegna ne "Il golpe invisibile. Come la borghesia finanziario-speculativa e i ceti burocratico-parassitari hanno saccheggiato l'Italia repubblicana fino a vanificare lo stato di diritto" (Kaos, 2015), in cui precisa che la corruzione non è una patologia ma rappresenta la struttura di gestione del potere, ribadendo che la corruzione è diventata una struttura sociale poiché la logica del familismo amorale ha superato la logica della cultura civica, senza alcuna sostanziale distinzione tra destra e sinistra. Un libro che fotografa quello che abbiamo davanti, da studiare in tutte le scuole e università italiane. Nell'ambito dei poteri occulti, fondata ed equilibrata era la sua posizione sui Servizi segreti: «La presenza dei servizi è un problema di fondo delle democrazie rappresentative, come dimostra il caso Kelly in Gran Bretagna e l'11 Settembre negli Stati Uniti. L'idea generale dei servizi non è di combattere la democrazia rappresentativa, ma di esercitare una forte influenza al suo interno per stabilizzarla. Il concetto di Stato nello Stato è quello di un'istituzione necessaria alla democrazia rappresentativa, ma che opera secondo una logica diversa da quella della democrazia rappresentativa» (Intervista a Luca Gallesi su "Studi Cattolici", 2004).

Le culture rimosse nel futuro della democrazia?

Galli avvia questa interessantissima pista di ricerca quando ha quasi sessant'anni pubblicando "Occidente misterioso. Baccanti, gnostici, streghe: i vinti della storia e la loro eredità" (Rizzoli, 1987) a cui fa seguito subito dopo, e con grande clamore, "Hitler e il nazismo magico" (Rizzoli, 1989), in cui riprende le tesi esposte per la prima volta dagli scrittori francesi Louis Pauwels e Jacques Bergier in "Le Matin des magiciens" (Éditions Gallimard, 1960). Sulla stessa lunghezza d'onda sono "Le coincidenze significative. Dalla politologia alla sincronicità" (Solfanelli, 1992), in cui elabora le tesi di Carl Gustav Jung. Insiste sul tema con "La politica e i maghi. Da Richelieu a Clinton" (Rizzoli, 1995) e poi con "Il ritorno del rimosso in politica" (Di Renzo, 1997). Di grande rigore scientifico è la sua cura al volume "Il Mein Kampf di Adolf Hitler. Le radici della barbarie nazista" (Kaos, 2002) come l'ampia disamina contenuta in "Esoterismo e politica" (Rubbettino, 2010). Il pensiero di Galli è che da queste culture perdute, sconfitte, rimosse possano provenire spunti originali e fecondi per ricostruire la democrazia, infiacchita dall'incertezza della visione, dall'incapacità di collegare i fenomeni storici, dalla difficoltà di reggere in confronto con i poteri economici.

Terrorismi, mali oscuri

L'Italia raccontata da Galli è stata attraversata in tutti gli anni Settanta dal terrorismo politico. Lo studioso analizza a fondo il fenomeno e lo collega con le idee, le relazioni di potere, la situazione sociale, le condizioni economiche, lo scenario internazionale di quegli anni. Dopo avere pubblicato "La Destra in Italia" (Gamma libri, 1983), scrive una documentata "Storia del partito armato. 1968-1982" (Rizzoli, 1986), che quasi vent'anni dopo aggiorna con "Piombo rosso. La storia completa della lotta armata in Italia dal 1970 a oggi" (Baldini Castoldi Dalai, 2004). Uno studioso attento come Galli non poteva non confrontarsi con l'analisi politologica dell'11 settembre. Espone le sue tesi in "L'Impero americano e la crisi della democrazia" (Kaos, 2002), in cui sostiene la tesi che gli attentati probabilmente erano a conoscenza di una parte dell'establishment americano che però ne avrebbe assolutamente sottovalutato le conseguenze.

Le multinazionali come minaccia

Galli comincia ad approfondire in modo marcato la pista di ricerca delle multinazionali circa cinque anni fa, quando pubblica, con Francesco Bochicchio, "Scacco alla superclass. La nuova oligarchia che governa il mondo e i metodi per limitarne lo strapotere" (Mimesis, 2016), in cui spiega come l'economia prevalga sulla politica e formula concrete proposte operative, come l'elezione di alcuni rappresentanti dei consigli di amministrazione delle aziende. L'anno dopo pubblichiamo insieme "Come si comanda il mondo. Teorie, volti, intrecci" (Rubbettino, 2017) in cui sosteniamo che a decidere in modo prevalente nella società globale non sono le persone che vediamo ogni giorno in tv o leggiamo sui giornali ma i vertici delle multinazionali finanziarie, un potere che opera alla luce del sole ma del quale l'opinione pubblica non ha sufficiente percezione. Ritorniamo su questo tema con "Il potere che sta conquistando il mondo. Le multinazionali dei Paesi senza democrazia" (Rubbettino, 2020), in cui approfondiamo il ruolo emergente delle compagnie cinesi e russe, brasiliane e indiane, turche e arabe, destinate ad avere prestissimo un ruolo sempre più centrale nell'economia mondiale. Nel frattempo, Galli aveva dato alle stampe, con Luca Gallesi, "L'anticapitalismo di destra" (Oaks, 2019) che si salda con quello di sinistra, al quale ha dedicato il suo ultimo volume, appena uscito, "L'anticapitalismo imperfetto" (Kaos, 2020), in cui aveva rilevato che finora il "livello di coscienza [della classe operaia] si arrestasse alla fase della conquista di diritti e di migliori condizioni di vita, senza ambire ad abbattere il capitalismo per costruire il socialismo (da qui l'anticapitalismo imperfetto)". Per usare le categorie interpretative di Galli, si potrebbe considerare una "coincidenza significativa" che il primo libro che gli ha dato grande notorietà sia stato Il bipartitismo imperfetto e il suo ultimo volume sia titolato L'anticapitalismo imperfetto. Il che, in un certo senso, evoca l'incertezza del mondo.

Personalia

Per concludere, devo ammettere che scrivere questo articolo non è stato facile. Mi sono formato adolescente sui suoi articoli di "Panorama", ho studiato sui suoi libri all'Università, sono stato guidato principalmente dal suo testo nella mia tesi di laurea sulla storia della DC. Lo conobbi poi personalmente nel 2006 quando, insieme a Rosario Priore e Marco Dolcetta, Maurizio Blondet e Paolo Del Debbio, lo invitai all'Università della Calabria al convegno "La democrazia occulta". Da allora il rapporto intellettuale è stato continuo e per me ha rappresentato un punto di riferimento umano, scientifico e culturale. In occasione dei suoi 80 anni, nel 2008 ho partecipato alla cerimonia organizzata dalla moglie Francesca Pasini a Milano presso la Società Umanitaria, dove nell'occasione venne presentato il libro curato da Paolo Bertella Farnetti e Luca Guzzetti "Scritti in onore di Giorgio Galli per i suoi 80 anni", in cui era contenuto anche il mio saggio "Il futuro della democrazia dal "rimosso" e dall' "irrazionale"?". Nel 2018 mi recai a Milano alla Libreria delle Donne per essere presente anche ai suoi novant'anni. Abbiamo scritto insieme nel 2017 e nel 2020 due volumi sulle multinazionali, di cui ho detto sopra. Il secondo lo avevamo dedicato ai nostri cari scomparsi: al suo unico figlio, Stefano, morto a cinquantasei anni nel 2018, e al mio unico fratello, Luigi, scomparso lo scorso maggio a sessantun'anni. Gli avevo mandato ultimamente un mio testo su "Giulio Andreotti e l'intelligence" e lui mi diede dei consigli per renderlo più scientifico. Eternamente curioso, mi stimolava di continuo. L'ultimo suggerimento è di qualche giorno fa in cui, conoscendo i miei studi sull'intelligence, mi invitava ad approfondire, per quanto possibile, la scioccante dichiarazione di Haim Eshed, ex numero 1 del programma di sicurezza spaziale israeliano, che aveva addirittura sostenuto che su Marte c'era una base gestita di comune accordo tra Stati Uniti ed extraterrestri. Era oltre e ha guardato sempre avanti fino all'ultimo. A Giorgio devo la più grande soddisfazione intellettuale della vita. Quando nel 2010 pubblicò "Il pensiero politico occidentale. Storia e prospettive" (Baldini Castoldi Dalai, 2010), iniziò citando la visione di Aristotele e concluse facendo riferimento alle mie tesi contenute nel libro "La formazione delle Élite. Una pedagogia per la democrazia" (Rubbettino, 2008). Era un signore d'altri tempi: nei modi, nelle parole, nell'animo. Dotato di grande delicatezza, non faceva mai pesare le sue sterminate conoscenze ed era pronto a condividere con generosità tutto quello che sapeva. Era spettacolare sentirlo parlare, un continuo bagno di cultura. Mi mancherà per sempre. A cominciare da stasera quando non avrò più modo di dirgli al telefono: "Giorgio ho interpretato bene il tuo pensiero?".

Parte II

Interviste

Il coronavirus rappresenta la morte del capitalismo e un'opportunità per reinventare la società
(American Herald Tribune, 31/03/2020)
di Mohsen Abdelmoumen

---

1. Qual è la situazione in Italia nel contesto dell'epidemia del virus Covid-19?

In questo momento, la situazione italiana è la più grave del mondo e per numero di morti superiore anche alla Cina. Le condizioni sono difficilissime e in Lombardia è addirittura tragica. Però con i numeri qualcuno non dice la verità. Per esempio, in Cina da febbraio a dicembre del 2019 ci sono 21 milioni di cellulari spenti. Non so se tale circostanza significhi qualcosa. In Italia, secondo l'Istituto Superiore di Sanità solo il 2% dei decessi dipenderebbe esclusivamente dal coronavirus. In Russia i dati ufficiali parlano di pochissime persone infette e al momento nessun morto. In Giappone sono stati chiusi precipitosamente i confini subito dopo la notizia ufficiale dello spostamento delle olimpiadi di Tokyo al prossimo anno. Solo nelle ultime settimane si sono assunti provvedimenti rigidi sulla pandemia sia negli Stati europei, tranne la Svezia, che negli USA, dove il numero delle infezioni è il primo nel mondo. I numeri sono certamente indicativi, ma vanno interpretati e contestualizzati. E le considerazioni si faranno alla fine, tra diversi mesi.

2. Non pensi che ci sia stata un'enorme mancanza

di previsione da parte dei governi europei riguardo alla pandemia che stiamo vivendo attualmente?

La prima riunione della Commissione Europea per affrontare il problema è stata il 6 marzo 2020. Dell'epidemia si hanno notizie certe almeno da dicembre 2019 e già a fine gennaio 2020 l'Organizzazione Mondiale della Sanità ha evidenziato il gravissimo rischio esistente. Basta solo questo dato per capire la disattenzione e l'impreparazione di gran parte della classe dirigente europea.

3. Perché l'Europa ha abbandonato l'Italia quando la Cina sta cercando di aiutarla?

A conferma che ogni Nazione, al di là delle gratuite affermazioni di principio, pensa prima di tutto a sé stessa. Altro che Europa dei popoli: l'Unione Europea è basata sull'economia. La Cina fa legittimamente la sua politica, come in Africa: propaganda e investimenti a lungo termine.

4. L'Europa non ha mostrato i suoi limiti con la crisi del coronavirus?

In modo irreversibile, se non sarà in condizione di fronteggiare la terribile crisi economica che prevede una riduzione del PIL per il 2020 del 4,5%. Ma potrebbe essere anche peggio.

5. Abbiamo visto scene di isteria collettiva in ipermercati e supermercati. Questa crisi del coronavirus non ha messo alla prova i modelli individualistici di consumo?

Secondo il filosofo Slavoj Žižek, il capitalismo mondiale potrebbe subire una profonda trasformazione. Per lui è necessario un cambiamento radicale e il coronavirus rappresenta "la morte del capitalismo e un'opportunità per reinventare la società". Tutto il sistema sociale, da quello educativo a quello mediatico, è basato sulla promozione dei consumi. Gli algoritmi sono il più potente agente di cambiamento politico di questo secolo e sono programmati nella logica capitalistica di favorire l'acquisto di beni.

6. Il settore sanitario è stato abbandonato di fronte alla carenza di attrezzature necessarie come maschere, respiratori e gel idroalcolico, che sono gravemente carenti, e l'esaurimento e persino la sofferenza degli operatori sanitari. Non pensi che il modello neoliberista che pone il profitto sopra ogni altra cosa debba essere messo in discussione? Possiamo gestire la salute come gestiamo qualsiasi settore economico?

Non c'è dubbio: la salute non può essere gestita come un settore economico. In Italia è affidata alle regioni, i cui bilanci in modo rilevante riguardano la sanità. Nel nostro Paese nel 1997 c'erano 575 posti in terapia intensiva ogni centomila abitanti. Oggi ce ne sono 275: meno della metà. La sanità delle regioni meridionali in molti casi è imbarazzante, mentre a livello nazionale il settore privato è molto forte. Tutto ciò conferma una banale verità: per molti la salute è solo un modo per fare soldi. Le tante eccezioni, che in questi giorni in Italia ammiriamo con immensa gratitudine, confermano la regola.

7. Cosa pensi della mancanza di competenza di alcuni politici che gestiscono questa crisi su base fai-date? Il coronavirus non ha mai esposto interi governi?

La politica è imperdonabile per avere indebolito la sanità pubblica. Le classi dirigenti delle democrazie occidentali hanno sottovalutato quanto stava accadendo. La Cina ha usato il pugno durissimo, la Corea del Sud le tecnologie. Le classi dirigenti di questi Paesi si sono dimostrate più capaci. Daniel Bell ha pubblicato il libro "The China Model", in cui teorizza che le democrazie sono inadeguate nel creare élite pubbliche efficienti. Lo stiamo toccando con mano. Speriamo che ci sia presto un risveglio, altrimenti saranno tempi davvero difficili poiché ogni organizzazione privata e pubblica funziona prevalentemente in base a chi la dirige e la rappresenta.

8. Non pensi che dopo questa crisi nulla dovrebbe essere più lo stesso?

Non mi sembra del tutto scontato. Occorre vedere come si riarticolerà il sistema politico. In Italia non c'è alcun ricambio a questo ceto politico omogeneo. I protagonisti più nuovi non sono migliori dei vecchi e non hanno ridotto le inefficienze, le ingiustizie sociali e gli insostenibili privilegi. Come esempio, vorrei ricordare la posizione del movimento Cinque Stelle sui vaccini che secondo loro facevano più male che bene. Se non cambiamo tutti i suonatori, la musica sarà sempre la stessa. Ma non vedo nuovi suonatori all'orizzonte.

9. È stato notato che in paesi come Francia, Belgio, ecc. La popolazione non rispetta il contenimento. Non pensi che la questione dei diritti individuali, la mancanza di disciplina, complichi le soluzioni per sradicare il coronavirus?

Certamente, ma va considerato che è una situazione inedita e che i social piuttosto che aiutare a capire stanno alimentando ansia e confusione. La disinformazione è il dato più rilevante di questo tempo. Anni fa ho teorizzato la società della disinformazione, che si realizza con l'eccesso di informazioni da un lato e il basso livello di istruzione dall'altro. Adesso lo stanno capendo in tanti: che senso ha inondare le persone di informazioni, spesso inutili e fuorvianti, quando chi le riceve non ha gli strumenti critici e culturali per interpretarle? Questo potrebbe essere considerato come una efficacissima forma di censura. Cioè della privazione delle informazioni necessarie per comprendere la realtà.

10. Come spieghi la mancanza di cooperazione internazionale, ad eccezione di Cina, Cuba, Venezuela e Russia, che inviano medici e/o attrezzature e medicine, nella lotta contro questo virus?

La cooperazione internazionale funziona in genere quando c'è qualcosa da prendere piuttosto che qualcosa da dare. Cuba è encomiabile perché, grazie a Fidel Castro, ha creato un sistema sanitario pubblico di qualità al servizio del popolo. In Occidente c'è una sanità privata di eccellenza ma non è certo per tutti.

11. Sia il sistema politico che il sistema economico, che alcuni ci hanno detto che erano infallibili, hanno mostrato la loro vulnerabilità a un virus. Cosa possiamo imparare da questo?

In particolare i sistemi politici democratici sono in grande crisi a causa della insufficiente selezione delle élite. La democrazia è soltanto una procedura in mano a ristrette oligarchie, sostenute dai media che rendono credibile un sistema che non riesce a garantire neanche i diritti essenziali dei cittadini: dalla sicurezza alla salute, dal lavoro all'istruzione. Lo stesso sistema economico ha confermato i limiti di un modello di sviluppo basato sul capitalismo che però si è ormai imposto su tutto il pianeta, a cominciare dagli stati ex comunisti come Russia e Cina.

12. Su una nota completamente diversa, l'operazione Rubicon è uno scandalo globale. Come spieghi la circostanza che la CIA, aiutata dal tedesco BND, abbia spiato gli stati alleati? Le risorse di intelligence non vengono utilizzate in modo improprio?

Aldo Moro, lo statista italiano ucciso dalle Brigate Rosse nel 1978, durante la sua prigionia aveva già detto che i Servizi segreti della Germania federale svolgevano attività in Europa per conto degli Stati Uniti. Nulla di nuovo né di sconvolgente. Anni fa le rivelazioni di Edward Snowden, insieme a quelle di Julian Assange, avevano già anticipato queste vicende. Il nostro presidente della Repubblica Francesco Cossiga, che era un grande intenditore di intelligence, sosteneva che era normale spiarsi tra Paesi alleati ed amici. Si tratta di normali attività di politica estera non convenzionale.

13. Sei uno dei maggiori esperti europei di intelligence. Come leggi la connivenza tra trafficanti di droga, criminalità e jihadisti? Come valuti la cooperazione di intelligence tra i paesi del nord e del sud del Mediterraneo?

La convergenza di interessi tra trafficanti di droga, criminalità e jihadisti è un intreccio pericolosissimo, soprattutto in questo momento. Pochi stanno considerando che gli Stati si stanno giustamente concentrando per fronteggiare il coronavirus e quindi la criminalità e il terrorismo hanno maggiori spazi, specialmente a livello informatico. Inoltre, una conseguenza certa nei prossimi mesi sarà l'aumento del disagio sociale a causa della crisi economica. Con le classi dirigenti democratiche individuate per elezione o per concorso, certamente saremo in difficoltà ancora di più con le mafie e il terrorismo, che scelgono i propri vertici attraverso il merito e le capacità individuali. L'intelligence è il deep state, la continuità dello Stato, a prescindere dalle maggioranze politiche. Mai come oggi l'intelligence ha un compito di stabilizzare la democrazia e dare continuità alle istituzioni pubbliche. Appunto per questo, la collaborazione tra le intelligence dei Paesi europei ed africani rappresenta un passo strategico per trasformare il Mediterraneo da mare di conflitti e di disuguaglianze in un mare di incontri e di mutamenti, per dare nuovi orizzonti all'umanità nel XXI secolo.

14. Menzioni tre cose molto inquietanti, come il fatto che in Cina sono stati spenti 21 milioni di cellulari, che solo l'1% di Italiani sono morti direttamente a causa del coronavirus, e che la Russia ha pochissime persone infette e nessun morto. Sono molti elementi per costituire un caso. Quale pensi sia la verità dietro questo misterioso virus Covid-19?

In tutte le grandi tragedie c'è chi le subisce e chi ne approfitta. La forma di scontro più rilevante che dovremo presto imparare a conoscere è la guerra dell'informazione, che è senza limiti. Dietro il misterioso virus Covid-19 secondo me non c'è alcun complotto ma una manifestazione della natura che ci ha trovati impreparati, in una fase storica in cui l'uomo, con l'ingegneria genetica e l'intelligenza artificiale, ha assunto le sembianze di un Dio, che concede la vita e la morte. Quello che sta accadendo mette tutti con i piedi per terra.

15. I popoli europei non stanno pagando il prezzo dell'austerità, della deindustrializzazione e della delocalizzazione?

Dopo la seconda guerra mondiale, l'idea di Europa ha assicurato 75 anni di pace, il periodo più lungo della storia senza conflitti nel nostro Continente. In questo periodo però le logiche economiche e burocratiche si sono imposte, soprattutto, dopo la caduta del muro di Berlino. Sono prevalse ancora di più le logiche del profitto, che sono quelle più agguerrite e che spiegano in qualche modo anche la diffusione planetaria delle mafie. Per fronteggiare la crisi della pandemia, negli Stati Uniti si prevede il raddoppio del deficit di bilancio, in Germania si immettono più di 550 miliardi, in Francia 400 miliardi e in Italia forse 55 miliardi. Quando si cominceranno a tirare le somme, in Europa ci saranno popoli che soffriranno di più e popoli che soffriranno di meno. E gli esiti saranno imprevedibili.

Ora siamo diventati un popolo di virologi

(L'Eco di Bergamo, 05/04/2020)

di Franco Cattaneo

Mario Caligiuri. Paghiamo eccesso di comunicazione e illusione della conoscenza. La sanità non è ancora parte integrante della sicurezza. Attenzione al disagio sociale

Non ci siamo: il mondo della sanità non è ancora percepito come parte della sicurezza nazionale dei singoli Paesi, mentre il cortocircuito dell'informazione produce disinformazione. È in questa griglia concettuale l'analisi di Mario Caligiuri, ordinario di Pedagogia della comunicazione all'Università della Calabria e presidente della Società Italiana di Intelligence.

Dal suo osservatorio che prospettive vede?

«La questione della sicurezza si è enormemente estesa negli ultimi decenni: da fisica è diventata sociale, ambientale, alimentare e ovviamente sanitaria. È un concetto globale. Il grande sociologo Ulrich Beck, poco prima del crollo del Muro, aveva teorizzato la "società del rischio": il pericolo non viene più dall'ignoranza, bensì dalla conoscenza. In questa situazione lo Stato deve organizzarsi diversamente».

La sanità non pare rientri nella globalizzazione.

«L'unica forma di globalizzazione riuscita riguarda la comunicazione dove l'eccesso, e l'accesso estremo alla comunicazione, produce disinformazione. Quello che sta accadendo con la copertura mediatica del coronavirus mi sembra l'evidenza più chiara della società della disinformazione: siamo inondati, ma non ci sono le capacità critiche, le competenze alfabetiche per capire davvero. Di conseguenza ognuno prende posizione in base alla propria visione del mondo, sulla scorta delle parole che conosce e che comprende. Così si accentua la manipolazione, mentre aumenta il peso globale delle multinazionali del web che potranno dimostrare sempre più la loro utilità e indispensabilità, accentuando la propria influenza sociale. Dobbiamo misurarci con un nuovo paradigma: da un lato la sovrabbondanza dell'informazione, dall'altro il basso livello d'istruzione. Una miscela esplosiva che crea un cortocircuito cognitivo che impedisce alle persone di comprendere la realtà».

Lo snodo critico è appunto questo.

«Ritengo che non abbiamo ancora le parole adatte e le categorie mentali adeguate per descrivere quel che ci sta capitando, poiché la realtà si sta trasformando in un modo talmente veloce che supera la nostra capacità cerebrale di comprenderla. Parole e costruzioni mentali paiono superate. Anzi: la cosa più grave non è l'ignoranza, quanto l'illusione della conoscenza».

Disarmati intellettualmente?

«Eravamo un popolo di allenatori della Nazionale di calcio e adesso siamo diventati 60 milioni di virologi. Ci esprimiamo su argomenti di cui non conosciamo quasi nulla. Qui rivestono un'immane responsabilità le politiche scolastiche, i cui esiti si constatano dopo decenni. Infatti, il anche di un'istruzione scolastica che funzionava, ereditata dalla riforma Gentile del 1923. Attualmente paghiamo le conseguenze del facilismo del Sessantotto fra indebolimento delle competenze e abbassamento semantico. Uno studio del compianto Tullio De Mauro sostiene che, nell'arco di 20 anni, le parole conosciute dai ginnasiali sono scese da 6-700 a 2-300, con minore capacità di comprendere la realtà».

In questo quadro l'Intelligence che ruolo può giocare?

«Il termine Intelligence si traduce con la capacità di selezionare e unire i punti delle informazioni rilevanti in modo da individuare gli elementi essenziali per capire ciò che avviene».

Intelligence vuol dire anche geopolitica: come valuta i «pieni poteri» del premier ungherese Orban?

«Una deriva autoritaria e del resto proprio lui ha teorizzato le presunte virtù della democrazia illiberale. Tuttavia le democrazie parlamentari devono porsi il problema dell'efficienza dei governi e della rapidità delle decisioni. Dirà pur qualcosa se negli anni scorsi Belgio e Spagna, per mesi senza governo, hanno visto crescere le loro economie. In Europa un po' tutte le classi dirigenti sono inadeguate, soffrendo una crisi di leadership e di competenza. Un deficit che deriva soprattutto dal metodo di selezione piuttosto approssimativo, che premia le spinte mediatiche, le politiche di marketing e la cooptazione, ma non certo le competenze, la capacità e il merito».

E quindi?

«Temo che questi limiti siano sottovalutati: se la disinformazione e la propaganda mediatica non riusciranno ad essere efficaci, un numero sempre maggiore di cittadini, spinti dall'urgenza dei bisogni, potrebbe appunto "unire i punti". Manager della sanità pagati da decenni più del presidente degli Stati Uniti. Parlamenti che dimostrano la loro non indispensabilità, visto che le scelte fondamentali vengono prese altrove. Regioni che hanno bilanci per il 70% riservati alla sanità, con territori meridionali che hanno accentuate difficoltà, l'Unione Europea che riceve da anni dall'Italia molte più risorse di quante, per nostra incapacità, poi non riusciamo ad utilizzare. Rappresentanti istituzionali ed esperti che prima hanno espresso superficiali e dannose opinioni per poi invertirle precipitosamente. E una volta finita l'emergenza, speriamo non si confermi l'affermazione di Gabriel Garcia Marquez: "La vergogna ha la memoria debole". Se Bergamo e Milano sono riuscite ad allestire un ospedale in pochi giorni, perché dopo 11 anni L'Aquila deve ancora rimanere in quel modo?».

Al Sud, fra l'altro, sono avvenuti alcuni episodi allarmanti.

«Le circostanze sono estremamente complicate per tutti ed è facile governare per decenni quando le cose vanno più o meno bene a prescindere, finendo con l'attribuire a sé l'arrivo della stagione dei monsoni. Il problema del disagio sociale potrebbe diventare drammatico e temo possa non avere alcuna delimitazione geografica. Le aree trainanti sono quelle più colpite e, nonostante il maggior benessere, potrebbero risentire persino in misura maggiore della crisi con il rischio di proteste sociali. Nel Sud è preoccupante il livello di povertà, mitigato dal maggior numero di stipendi pubblici e di redditi di cittadinanza. In queste condizioni è esponenziale il rischio di un ulteriore aumento della penetrazione delle mafie. Occorre che l'Intelligence, con grandissima attenzione, esamini in funzione predittiva in tutta Italia il rischio di marginalità sociale che, se dovesse superare la soglia di guardia, potrebbe incidere sulla sicurezza nazionale e quindi sulla tenuta delle istituzioni democratiche. I crescenti episodi d'insofferenza sociale dovrebbero far riflettere per comprendere che la gestione delle crisi reali non è un evento di comunicazione».

Covid-19, criminalità e intelligence. "Monitorare i passaggi di proprietà delle aziende"

(Report Difesa, 07/04/2020)

di Maria Enrica Rubino

Nel contesto di piena emergenza da coronavirus, l'attività di intelligence non gioca un ruolo secondario.

Professore, qual è il ruolo dell'intelligence in una situazione come quella che stiamo vivendo? Secondo Lei è davvero possibile una collaborazione tra intelligence di diversi Stati. Di quali in particolare?

L'intelligence è l'organizzazione più profonda dello Stato, che prescinde delle maggioranze politiche e rappresenta la continuità delle istituzioni. È evidente, quindi, che è il lato più riservato, che qualcuno definiva "oscuro", delle Istituzioni. Pertanto, le informazioni di ogni singolo Stato sono il bene più prezioso e condividerle con gli altri provoca qualche timore. Il coronavirus è un evento unico nella storia dell'umanità. Non che le pandemie non ci siano mai state, ma non si sono mai verificate con l'impatto devastante legato alla globalizzazione dei collegamenti e dell'informazione. Questo dovrebbe richiedere un superamento degli schemi tradizionali perché di fronte a un nemico comune, e la pandemia lo è, bisogna mettere in campo le energie comuni. Dovrebbero farlo tutti gli Stati, non alcuni in particolare, perché il problema colpisce indistintamente. Le informazioni su tale argomento andrebbero condivise tra i vari Paesi per tutelare la salute dei cittadini.

Il DIS ha lanciato, nei giorni scorsi, una serie di allarmi nella sua relazione annuale al Parlamento sulla "Politica dell'informazione per la sicurezza". Tra questi, un pericolo che interessa il Sud Italia: se il contagio del coronavirus dovesse allargarsi, in quelle regioni potrebbero manifestarsi seri problemi di ordine pubblico? Secondo la sua esperienza, in che modo si dovrebbe intervenire?

Come ho già avuto modo di argomentare, condivido questa considerazione ma solo in parte perché il disagio sociale non riguarderà solo il Sud Italia, ma rischia di essere un problema nazionale. Le regioni più colpite sono quelle del Nord, il motore economico trainante del Paese. Ovviamente, al Sud l'indice di povertà è più alto, ma ci sono anche più stipendi fissi e più redditi di cittadinanza. Ad oggi, ci sono, quindi, più ammortizzatori sociali nel Mezzogiorno.

Ma l'ulteriore pericolo nel Sud è legato alla criminalità. Qui l'economia è più fragile di quella settentrionale, quindi è evidente, come hanno già evidenziato alcuni esponenti politici e della magistratura come Federico Cafiero de Raho, Nicola Gratteri e Giuseppe Pignatone, che la criminalità organizzata si può radicare ancora più di quanto già non lo sia nel contesto economico e sociale.

A proposito della crisi che, di pari passo con la diffusione della pandemia, sta colpendo e colpirà anche nelle prossime settimane alcuni settori dell'economia nazionale e del rischio che questa situazione possa alimentare la diffusione delle mafie e dei loro interessi criminali. Il capo della Polizia, Franco Gabrielli, ha annunciato la costituzione di un Organismo Permanente

di Monitoraggio presso la Direzione Centrale della Polizia Criminale. Che ne pensa?

Penso che l'iniziativa del Capo della Polizia sia molto importante per prevenire un fenomeno altamente probabile. Infatti, se la chiusura delle attività economiche continuerà, come è probabile, fino a fine maggio il rischio potrebbe diventare molto più serio di quanto si possa pensare. Il problema non sarebbero solo i morti da coronavirus, ma un incontenibile disagio sociale. Inoltre, c'è da tenere conto non solo dell'economia legale, per la quale si sta provando a tamponare con provvedimenti a volte molto incerti, ma c'è tutta l'economia sommersa che è completamente ferma e incide sul reddito nazionale per circa 300 miliardi di euro l'anno, a fronte del Pil ufficiale che è di 1,8 miliardi. In tale contesto, una attività fondamentale da svolgere sarebbe il monitoraggio, presso le Camere di commercio, dei passaggi di proprietà, totali o parziali, delle aziende. Sono indicatori da tenere assolutamente sotto controllo".

La guerra economica. Come sappiamo, una dichiarazione di un capo di Stato spesso incide sull'economia di un Paese. Basti pensare come l'intervento politico di uno o più leader possa incidere su quella degli Stati, spesso innescandone vere e proprie guerre economiche. Quanto del lavoro delle agenzie di intelligence c'è dietro a queste operazioni di guerra economica?

La competizione tra Stati sarà sempre di più a livello economico e culturale e si combatterà sul piano dell'informazione tramite il Web. L'intelligence individua informazioni rilevanti, pertanto in tale competizione gioca un ruolo fondamentale per sostenere le economie degli Stati. Com'è noto, la sicurezza di una Nazione deriva anche dal suo benessere economico. Non a caso il Governo ha previsto di applicare il golden power a tutela di una parte rilevante delle aziende, che in questo periodo tremendo potrebbero essere acquisite da imprenditori e fondi sovrani di altri Paesi.

Studiare l'Intelligence
(Blog L'Espresso, 17/11/2020)
di Giancarlo Capozzoli

"Studiare l'intelligence in Italia: esperienze a confronto" è il titolo del convegno con il quale si inaugurerà sabato 28 novembre 2020 la decima edizione del Master in Intelligence dell'Università della Calabria, il primo a essere attivato in Italia nel 2007 grazie al sostegno del presidente emerito della Repubblica Francesco Cossiga. A inaugurarlo saranno il Direttore del DIS Gennaro Vecchione e il presidente del COPASIR Raffaele Volpi. Seguiranno poi le relazioni dei direttori dei principali corsi di studio che si stanno svolgendo sull'Intelligence nel nostro Paese. Il master è diretto da Mario Caligiuri, presidente della Società Italiana di Intelligence e uno dei più accreditati esperti europei del settore. Sarà possibile seguire online tutto il percorso formativo attraverso le piattaforme interattive dell'ateneo fondato nel 1972 da Beniamino Andreatta.

Il master si articolerà in 19 lezioni d'aula, che si svolgeranno di sabato dalle 9 alle 13 e dalle 14 alle 18. Al termine del ciclo delle lezioni sono previste attività di laboratorio interamente dedicate alla Cyber intelligence e che si svilupperanno in 5 giornate consecutive con lo svolgimento di seminari e laboratori, d'intesa anche con la multinazionale Ntt Data e il Dipartimento di Ingegneria Informatica dell'Università della Calabria.

Come in ogni edizione, i docenti saranno professori universitari ed esperti nazionali e internazionali del settore.

Nel corso degli anni sono intervenuti, tra gli altri, i ministri Paolo Savona, Giulio Tremonti e Marco Minniti; il presidente della Camera dei Deputati Luciano Violante; i direttori dei Servizi Franco Gabrielli, Vittorio Stelo, Luigi Ramponi e Nicolò Pollari; i direttori delle Scuole dei Servizi Mario Maccono, Maurizio Navarra, Paolo Scotto di Castelbianco; l'agente della CIA Robert Gorelick; i professori Domenico De Masi, Alessandro Barbero, Alberto De Toni, Evgeny Morozov, Roberto Cingolani, Giorgio Galli, Antonio Baldassarre, Paolo Benanti, Andrea De Guttry, Umberto Gori, Roberto Baldoni, Derrick De Kerckhove e Antonio Teti; i prefetti Carlo Mosca, Marco Valentini e Luigi Varratta; i generali Fabio Mini e Carlo Jean; i giornalisti Lucio Caracciolo, Paolo Messa, Massimo Franco, Umberto Broccoli e Andrea Cangini; i magistrati Nicola Gratteri, Rosario Priore, Giuseppe Pignatone, Stefano Dambruoso, Mario Spagnuolo; l'ambasciatore Michele Valensise; i funzionari dello Stato Roberto Riccardi, Nunzia Ciardi, Alessandro Ferrara, Adriana Piancastelli e Giuseppe Scandone; i dirigenti della sicurezza di multinazionali Alfio Rapisarda e Alberto Accardi.

Il Master in Intelligence vanta un primato importante: è la prima iniziativa scientifica realizzata in un ateneo italiano in questo delicatissimo settore.

Ho parlato con il fondatore di questo innovativo percorso formativo Mario Caligiuri per approfondire le questioni legate al Master e all'intelligence.

Professor Caligiuri, prima di discutere con Lei gli argomenti più strettamente connessi al Master, Le chiederei di raccontare come nasce la Socint, la Società Italiana di intelligence. E perché.

La Socint è stata fondata nel 2018 ed è stata presentata a Roma alla Camera dei Deputati, a Palazzo San Macuto. L'idea è quella di proporre l'intelligence come materia di studio nelle università italiane, come accade in diversi altri Paesi, soprattutto di cultura anglosassone.

Il fine è quello di evidenziare quanto l'intelligence serva...

Serve a tutti orientarsi nella realtà: persone, imprese e Stati.

Quanto è necessaria?

Secondo me, è indispensabile poiché risponde a una necessità sociale. Infatti, serve alle persone per orientarsi nella realtà, alle imprese per competere nella globalizzazione e agli Stati per garantire il benessere e la sicurezza dei propri cittadini. La migliore definizione di intelligence secondo me l'ha data Bill Gates, parlando di altro: "ho una certezza semplice ma incrollabile. Il miglior modo di differenziare persone e aziende dalla concorrenza è quella di sapere raccogliere, analizzare e utilizzare le informazioni". Il fondatore di Microsoft ha descritto cosa è il processo di intelligence: raccolta, analisi e utilizzo delle informazioni nel proprio interesse. Questa necessità si è sviluppata con l'uomo che per sopravvivere ha dovuto sviluppare simili capacità ma adesso è più indispensabile che mai, poiché siamo sommersi da un diluvio di informazioni irrilevanti che, combinate con il basso livello sostanziale di istruzione provocano un corto circuito cognitivo che allontana dalla comprensione della realtà, rendendo le persone orientabili consumatori ed elettori. Siamo dunque immersi nella società della disinformazione, che rappresenta un'emergenza educativa e democratica.

Occorre sviluppare competenze...

L'intelligence è il punto di incontro della conoscenza, area che riunisce i saperi, che sono sempre più frammentati e quindi non ben utilizzabili. Di fronte alla dismisura dell'informazione che spesso intenzionalmente mette sullo stesso piano il vero e il falso, occorre sviluppare la capacità di individuare le fonti attendibili delle informazioni, dare un senso alle parole e sviluppare il pensiero critico. Attitudini che sono alla base del metodo scientifico, il solo che consente di avvicinarsi alla sempre difficile comprensione della realtà. Ricorda Platone? Il mito della caverna: percepiamo solo le ombre di quanto ci circonda.

Comprensione e conoscenza...

Le persone sono nate "per seguir virtute e canoscenza"...

Individuare le fonti delle informazioni attendibili... In che senso? In che modo?

È il risultato di un processo che dovrebbe rendere l'intelligence un sapere per tutti insegnato fin dalle scuole dell'obbligo come la lettura, la scrittura e il far di conto. Tutto il resto viene dopo.

Per quanto riguarda le società economiche a cosa servirebbe l'intelligence? Capire chi siano i partner in un determinato affare, ad esempio?

Queste sono notizie facilmente reperibili. Molto più importante è invece studiare i contesti geopolitici, le tendenze sociali, le regole del commercio globale. Individuare i prodotti vincenti sul mercato e i partner affidabili viene dopo.

Per quanto riguarda gli uomini invece?

Tutto il sistema educativo e sociale è impostato a creare consumatori, di beni commerciali o di idee politiche e culturali. Occorre opporsi alla deriva di essere passivi destinatari di informazioni altrui. È necessario, allora, avere gli strumenti per saper contestualizzare le informazioni utili da quelle irrilevanti. Yuval Noah Harari, il grande storico israeliano, ci ricorda che: "Oggi il vero potere è sapere quali informazioni ignorare".

Riguardo agli Stati invece?

Gli Stati nascono con uno scopo preciso: garantire la vita dei propri cittadini. Pertanto la sicurezza è il fondamento dello Stato. Sicurezza fisica, compresa la difesa dalle pandemie, e sicurezza economica, che se non garantita può provocare rivolte sociali e quindi rappresentare una minaccia alle istituzioni democratiche.

Il vostro Master dell'Università della Calabria ha la finalità di formare e qualificare professionisti civili e militari in materia di intelligence. Attualmente in Italia la situazione in questo settore così delicato per le questioni a cui abbiamo accennato, come è?

L'intelligence è una competenza molto richiesta nel settore privato mentre diventa sempre più indispensabile perfezionare queste competenze nel settore pubblico, poiché, in entrambi i casi, il concetto di sicurezza si modifica e si amplia costantemente e spesso imprevedibilmente. Lo hanno dimostrato negli ultimi vent'anni terrorismo e pandemie. A livello pubblico, gli operatori di intelligence operano nelle forze di polizia, che hanno rappresentato finora il privilegiato bacino di reclutamento delle Agenzie di intelligence. Le nostre forze di polizia sono tra le più attrezzate al mondo, per sostenere l'urto della criminalità e del terrorismo, in quanto, vista la storia recente del nostro Paese, sono state sviluppate legislazioni mirate e competenze specifiche a livello di magistrati e operatori della sicurezza. Mi sembra però necessario affinare ancora gli strumenti legislativi e formare ulteriori specialisti che non provengano esclusivamente dalle forze di polizia ma che comprendano ambiti molto più vasti, che sono sempre più necessari.

Per sviluppare quali capacità?

Quelle necessarie per interpretare la realtà e anticiparla. L'attualità della emergenza sanitaria ci mette difronte a una questione fondamentale, perché dimostra, specialmentein Occidente, la debolezza dei sistemi istituzionali, sanitari e politici. Eppure era stata anticipata come una non remota possibilità dalla CIA nel 2008, da Bill Gates più volte nel 2017 e nel 2018, dal medico svedese Hans Rosling nel 2017 che addirittura aveva scritto: "I cinque [problemi] che mi preoccupano di più sono i rischi di una pandemia globale, del crac finanziario, della guerra mondiale, del cambiamento climatico e della povertà estrema". Pertanto, oggi vanno sviluppate, anche nell'ambito dell'intelligence competenze in ambito sanitario e biowar, così come in neuroscienze, intelligenza artificiale, ibridazione uomo-macchina, poteri nascosti della mente, saperi disciplinari ed extra disciplinari, scienze di confine. Per fare questo occorre coinvolgere le competenze più qualificate del Paese. Come fece il Regno Unito durante la seconda guerra mondiale, reclutando, tra gli altri, il genio di Alan Turing.

Lei, recentemente, ha pubblicato un testo scientificamente importante relativo al disagio sociale. Quanto secondo Lei, la pandemia influirà su questo aspetto cre-

scente?

Il disagio sociale era già preesistente alla pandemia nel nostro Paese. Adesso rischia di diventare fuori controllo, con la riduzione del PIL di circa il 10%, che è una cifra spaventosa. Sono convinto che possa corrersi il rischio di minare l'ordinamento democratico e per evitarlo temo non siano sufficienti le azioni di ordine pubblico.

Una quota importante della popolazione sembra incattivita...

Una parte di cittadini sta subendo danni notevoli, per alcuni irreversibili, da questa pandemia i cui esiti non sono facilmente prevedibili e controllabili. Finora il punto di equilibrio ha retto. Ma è difficile stabilire fino a quando.

Punto di equilibrio...

Si tratta di definire la quantità di popolazione che tra qualche mese passerà all'indigenza, cioè alla mancanza di strumenti minimi per una vita dignitosa, e quella che si limiterà semplicemente ad abbassare il proprio livello di benessere. Dipende dalla proporzione. Se la prima categoria, ridotta la rete familiare e sociale che attenua le difficoltà, crescerà in modo considerevole anche la tenuta democratica può essere a rischio.

Finora però il sistema ha retto. Io stesso temevo che l'autunno sarebbe stato molto più caldo...

L'effetto-annuncio governativo e i risparmi familiari hanno attenuato finora questo fenomeno, spostando più in là la soluzione dei problemi. Per il momento.

Un ulteriore fenomeno legato - almeno secondo studi recenti - al disagio è quello, tremendo, del terrorismo fai da te, che continua a mietere, ancora oggi, vittime in Occidente...

Il disagio è certamente una delle cause, ma non l'unica. Il comportamento delle democrazie degli ultimi anni è sicuramente un fattore determinante. "La follia dell'Occidente" lo ha definito l'economista Dambisa Moyo.

In Italia, per fortuna, questo fenomeno non si è verificato. Perché secondo lei?

Le cause sono molteplici. Sicuramente l'Italia è stata costretta a sperimentare le esperienze del terrorismo politico, che ha comportato costi umani, economici e psicologici immani. Pertanto ci siamo dotati nel tempo di leggi e operatori specializzati. Inoltre, nel nostro Paese, a differenza di altre realtà europee, la presenza dei musulmani finora è ridotta. Ma nei prossimi anni la questione potrebbe diventare fuori controllo anche da noi. Prevenire piuttosto che curare è un sacrosanto principio medico che a livello sociale è ancora più importante. Appunto per questo l'intelligence diventerà ancora più determinante negli anni a venire.

Indice

Parte II - Interviste

Finito di stampare
nel mese di marzo 2021
presso Rotomail Italia S.p.A. – Vignate (MI)